往憶十八

周希賢著

傳 記 叢 刊

文史哲出版社印行

國家圖書館出版品預行編目資料

八十憶往 / 周希賢著. -- 初版 -- 臺北市：
文史哲出版社, 民 112.08
頁； 公分（傳記叢刊；25）
ISBN 978-986-314-650-6（平裝）

1.CST：周希賢 2.CST：傳記

783.3886   112012819

傳 記 叢 刊　　25

八 十 憶 往

著　　　者：周　　　希　　　賢
出 版 者：文 史 哲 出 版 社
http://www.lapen.com.tw
e-mail：lapen@ms74.hinet.net
登記證字號：行政院新聞局版臺業字五三三七號
發 行 人：彭　　　正　　　雄
發 行 所：文 史 哲 出 版 社
印 刷 者：文 史 哲 出 版 社
臺北市羅斯福路一段七十二巷四號
郵政劃撥帳號：一六一八〇一七五
電話886-2-23511028 · 傳真886-2-23965656
定價新臺幣二六〇元
二〇二三年（民一一二）八月初版

自　序

　　我命途多舛，甫五齡即失怙，兄弟二人賴慈母撫育成人。幼年家道中落，兼又分家。父輩昆仲三人，我父居三，均已先後作古，堂兄大哥傚賢飽讀詩書不會應用，且染吸鴉片惡習，二哥望賢終年在外闖蕩，一事無成，獨身終生。分家後舅父代耕我家土地，家境不裕，乏力供我讀書，大舅父反對我讀書乃主要因素，主張送我到商店當學徒，將來從商，我堅決反對。我身體羸弱，對農耕無能為力，對讀書卻很狂熱，我弟仿賢身體強健，是種田好手。我在讀書無望，種田又無力氣，從商非我所願，無可奈何之情況下遂從軍。軍旅三十餘年，抗戰八年，我參與六年。由一等兵逐級升至上校，算是一名老兵。於屆齡退伍之前一年，以外職停役方式到行政院國軍退除役官兵輔導委員會工作，擔任專員九年九個月，科長兩年，於七十六年四月屆齡退休。

　　民國三十五年軍次青島市識王秀華小姐，次年結婚，三十七年長子健出生，三十八年隨軍來台，三十九年次子健民出生，四十三年三子健基出生，四十六年女

兒健玲出生。我一直在軍中，駐地移動頻繁，與妻子女會少離多，子女全賴我妻撫育教養。民國五十五年端午節，我車禍受傷嚴重，從死亡邊緣救回一命，當時我妻欲哭無淚，叫天天不應，叫地地無門，所幸，我活了，而且未成殘，只是每年梅雨季腰疼，多方治療無效，困擾我十年。到輔導會工作後參加打太極拳，一年後之梅雨季腰未再疼，以迄於今。

「敏於事而慎於言」、「敬業樂群」、「凡事多思考早着手」、「研究就是學問，負責就是能力」、「忠於職守，盡其在我」，這幾句話是我的座右銘。四十餘年軍公生涯，涉身於不同機構和各個層面，經歷了各種職務，追隨過多位長官，無論在任何機構擔任任何職務，都以「敬業」精神把全幅心力投注於工作中，而且永遠不覺得疲倦，每作一件事務求澈底完美，然達到澈底完美之歷程是艱辛的，方法是多方面的，一蹴可成者並不多有。因之，工作量自然增加，日日忙碌的結果，是心安理得沒有愧咎，身體勞累，而心情愉快，且有一種成就感。至於能否獲得長官的器重和同事的瞭解，則從不計較。

所追隨之長官有清廉實幹者，有貪墨取巧者，前者善待我，後者討厭我，真所謂「薰蕕不同器」「冰炭不同爐」。

在輔導會工作十一年九個月，做了不少事，是我一生中做了最有價值最有成效的各項好事，於心甚安。退

休後雲淡風清，每日清晨打太極拳運動，生活規律，心情平靜，飲食有定，雖年逾八旬，但仍能自我照料，不依不賴。今應兒女之盼將我生平一鱗半爪簡單敘述以作紀念。

周希賢謹誌

4 八十憶往

八 十 憶 往

目　次

母親何月季（中）與長輩合影

作者穿著上尉軍服留影

作者（右）軍次於川、潼（1941.1 攝）

作者（二排中）於陸軍經理學校進修班與第一期同學合影（1965.4.7 攝）

作者（右一）與袍澤合影於陸軍總司令部（1974.5.23 攝）

愛妻倩影

作者妻（右）王秀華學生時期留影

青島市結婚照(1947.11.22攝)

青島市合影（1948 年攝）

全家福照（1959 年攝）

全家於中興新村省議會合影（1960年春節攝）

周希賢（1922.03.28~2006.12.08）
王秀華（1927.11.26~2013.12.26）

出席全國傑出女性暨模範家庭表揚大會
（世貿國際會議廳，2001.5.5 攝）

上圖：澎湖縣聯絡中心與聯絡員座談會（1985.6.3 攝）

下圖：反共義士輔導中心（1986.6.17 攝）

陽明山中山樓文化堂輔導會議（1985 年攝）

台北市國軍英雄館中正廳輔導工作檢討會（1985.9.23 攝）

告別式會場

總統馬英九致贈作者輓聯（2006 年）

陸軍司令胡鎮埔上將致贈輓聯

國軍退輔會主委高華柱致贈輓聯

市長郝龍斌致贈輓聯

榮獲勳章與獎章

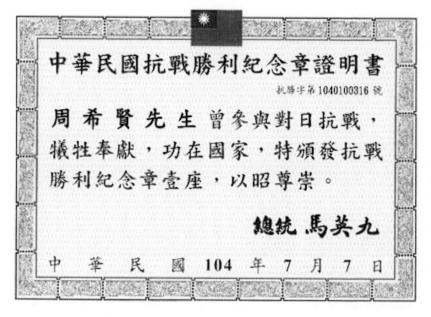

中華民國抗戰勝利紀念章證明書

抗勝字第1040100316號

周希賢先生 曾參與對日抗戰，犧牲奉獻，功在國家，特頒發抗戰勝利紀念章壹座，以昭尊崇。

總統 馬英九

中 華 民 國 104 年 7 月 7 日

榮獲總統馬英九頒發抗戰紀念章證書

壹、家 世

我家世居陝西省盩厔縣二曲鎮四合村，父輩昆仲三人，大伯諱應科公，大伯母張氏；二伯諱根科公，二伯母夏氏；父諱登科公，母親何月季。在我有記憶力時即未見過祖父及大伯母與二伯母，聽母親說：他們在我尚未出生已先後去世。祖母篤信佛教，每日吃齋禮佛，閒雜人等不可擅入佛堂，只允許我們小孫輩進出。每逢年節，以素席宴請同道，由母親烹飪，有專用的整套餐具，所有菜餚形狀與葷席相同，主料是豆腐、豆腐皮，據說素席成本高於葷席。

父親生於民前十七年乙未（月日時辰，母親未告訴我及我弟）、屬羊，逝於民國十五年農曆五月十八日。母親生於民前十年壬寅、農曆十一月十一日子時、屬虎，逝於民國五十一年農曆七月二十九日，與父親合葬一處。父母生兩男兩女，我有一姊一妹均夭折。我乳名延清（家人鄉親稱延娃）學名希賢，別號懷聖。弟仿賢乳名長延（家人鄉親稱長娃），父輩耕讀傳家，我父立志不仕，自設私塾，教育家鄉子弟，束脩是象徵性的，清寒者免費。在四合村周家是大戶，也是財東（即財主、有

錢人家）。大伯父生一子，名傲賢（乳名清娃），從小嬌生慣養，不辨麥菲，讀書不少，十足士大夫型。二伯父生一子，名望賢（乳名恒娃），讀書不多，不願老守家園。

　　當年家業興旺，長工短工、騾、馬、牛、驢成羣，村人羨慕，可是我家究竟有多少田地，我不知道。記得我家大宅大院，父親種植很多奇花異卉，四季均有花開，我小時候最喜愛玫瑰、牡丹、芍藥、菊花和梅花。父親規定，園中花卉，只可觀賞，不准攀折。我對父親的印像僅這麼一點點。

　　外婆家是四合村東南相距不足一華里的石橋堡，外祖父、母的名諱，母親未告訴我。外祖父、母生三男一女，女居長，即我母親，以次是三個弟弟，即大舅父何根武，二舅父何田武，三舅父何孝武。大舅父較嚴肅，我和弟弟不敢親近，二、三舅父較隨和，我比較喜歡二舅父。外婆家道小康，以務農為本，農閒時間或作點小生意，如像生產豆芽菜，挑到縣城裡去賣，春節前製做燈籠（包心白菜型、蓮花型、兔子、公雞等等），於正月十五日以前出售，我還幫過忙，可惜未能用心完全學會。我於民國二十八年離開家鄉到渭南當兵時，三舅父尚未成親。大妗娘家是我們四合村何家，論輩分與我同輩，未嫁前我稱她姿顏姐，自嫁給我大舅父後，長輩們要我改口叫她大妗，好彆扭！不習慣。大妗腳纏的很小，所謂標準的三寸金蓮，走起路來搖搖擺擺，大家都說好看。她心眼多，主意也多，說話有時帶刺，受外婆的責

備較多。二妗娘家是縣城東數十里外的某村，迎親時我去過，惜忘記了村名，一雙棒捶腳（纏了一段時間而放開，亦稱放腳），性情開朗，對人直來直往，很容易相處，外婆也較疼她，可惜一般人說她腳大不好看。大舅父於民國二十五年生一子（乳名臭娃），不幸夭折，好像是患痢疾，醫藥不發達，求神拜佛、服香灰，終於不治。次年得一女，白胖活潑可愛，我常抱哄，小名叫勿娃。民國二十七年又生一子，即瑞生表弟。在我離家時二舅父尚無所出。民國三十五年我隨軍駐青島時，曾接家書說外婆臨終時頻呼我乳名，在未看到我的情形下，很遺憾的嚥下最後一口氣，而我未能見老人家最後一面，引為終生遺憾！

　　父親去世時，母親才二十五歲，立志守節，撫育我兄弟二人。有鑑於傲賢大哥晝寢夜賭，還抽鴉片，遊手好閒，不務正業，因之對我兄弟二人管教極嚴。過年時孩童們三、五人圍成一圈，在磚頭上以三枚方孔銅錢置手掌丟擲（家鄉話叫拌錢），莊家丟擲，其餘下前莊與後莊，銅錢兩枚翻面，莊家吃各家的前莊，三枚翻面，前後莊統吃，二枚未翻面，賠各家前莊，三枚未翻面，賠各家前後莊。孩童們都以壓歲錢玩此賭博，本來在過年期間是無可厚非的，可是母親堅決不允我兄弟二人參加。當我離家前夕，母親再三叮嚀，出門在外，千萬不可學賭。因此我謹遵母訓，終生絕不習賭。民國三十八年來台後，由各種狀況顯示，預料今生今世很有可能見

不到母親，謹將母訓銘記在心，聊表孝思，所以我事軍職文職共計四十八年一個月期間未習賭，不惟我不習賭，而且我以不習賭作為傳家之訓，望我子子孫孫皆不習賭。

貳、坎坷的童年

　　我出生於民國十一年壬戌，農曆三月二十八日卯時，屬狗，出生地是四合村家中。我弟小我兩歲。民國十五年夏，地方鬧紅槍會，第七師鎮壓救平，兵燹處處，哀鴻遍野，父親被流彈所害，屍體在打麥場。是時野犬野狼成羣，鮮有屍體不被爭食者，幸我家忠於主人之老黃犬不眠不食守屍七晝夜，與野犬博鬥，保護主人屍體完整，實在難能可貴！

　　民國十六年祖母去世，十七年大伯二伯相繼去世，三年內連續辦了四次喪事，家中境況一落千丈。這時我母親是家中唯一的長輩。傚賢大哥飽讀詩書，卻不會應用，是書獃子，望賢二哥讀書不多，經年在外，母親在心情淒楚之情形下當家作主，以一個年輕寡婦撐持一個大家庭，談何容易？母親經常夜間哭泣，有時強忍悲痛，其苦況難以想像。這樣過了幾年，在我十歲那年，由母親作主給傚賢大哥娶了媳婦。大嫂娘家環境不好，經常把家中糧食細軟盜往她娘家，所謂家賊難防，偷斷祿糧。不惟如此，她還挑唆大哥進行分家。他們是長房，一切都要佔便宜，母親無奈，只好邀請親朋戚友商議分家，

凡是好的房地家產，分給長房及二哥，我們三房等於撿破爛，我年幼不懂事，母親仁慈寬厚不願相爭，所以我這一房最吃虧。

分家後我們的田地由我三位舅父代耕，我母我弟三人生活雖苦，但尚能溫飽。而大哥於分家後，夜賭晝寢，不數年弄得上無片瓦，下無立錐，最後厚著臉皮要投靠我們，我們無能為力，不過有時接濟一些。二哥常年在外經商，因無計畫，總是搞不出甚麼名堂。民國二十九年我們部隊（陸軍第三十六師）由河南乘火車至寶雞，由寶雞沿川陝公路行軍南鄭，行軍途中於距離寶雞約三十華里的一個小集上和他相遇。二哥當時是作小吃生意，給我煮了一碗麵，我因正在行軍不能吃。這是在家鄉最後見的一次面。

我八歲啟蒙，讀私塾，三字經、百家姓、弟子規、朱子家訓、七言雜字、四書、詩經、千家詩、幼學瓊林、左傳等都讀過，只會背誦，不會講解，不知書中意義。後在蔡家堡二曲祠讀小學（鄉人稱洋學堂），從「人手足刀尺，白布五匹六匹……」讀起。老師李國光，藍厔啞柏鎮人，教學認真。二曲祠是李顒先生之祠堂，每任縣長到職先到二曲祠祭拜。名為小學，實則至為簡陋，除黑板課桌椅（條桌長板凳）外，別無任何設備，讀了一年即到縣城裡聖學巷小學（簡稱聖小）考上插班高小二年級（等於現在國小五年級），規定住校，學校有伙食團。每月伙食費家中無力負擔，母親為我做玉米麵黃黃

饃，每週一次帶到學校，吃飯時同學們都到飯廳用餐（校伙），我則帶著饃到街上小吃攤買小米粥、鹹菜解決吃的問題。星期六晚上回家，星期日在家才能吃到正常的家常飯。母親為我在學校吃飯問題煞費了苦心，而我，只要能讀書，再苦，我也甘之如飴。聖小設在文廟，學生宿舍亦在廟內，房舍古老高大寬敞，冬天甚冷，晚間在宿舍自習，點玻璃罩煤油燈，既冷又飢，同學們紛紛用泥與棉紙調和成紙筋泥自製小火爐，燃燒小塊木炭取暖，並用洋磁牙缸在爐火煮掛麵，都偷偷的進行，不可被老師發現，否則會受責罰，東西還被沒收。我無錢買木炭和掛麵，不能和同學們一樣，用小火爐取暖、煮掛麵，經常晚間受凍挨餓。

　　由於教育不普及，風氣又閉塞，學生年齡都很大，二十歲左右、個頭很大讀小學者比比皆是，不過大部份都讀過數年私塾，國文及書法較有根柢，覺得新制小學課程很淺顯而輕鬆，所以學校體育活動之水準與中學相同。高年級還教簡單英文。

　　分家後，我家房子小，母親心情又不好，外婆要我們經常過去住，外婆對我們疼愛呵護無微不至。家鄉風俗，嫁出去的女兒，不可在娘家過年，因此，每逢過年，母親帶著我和弟在四合村自己的家中過冷清的年。當時，母親的眼淚向肚裡流。每年清明上墳掃墓，母親在父親墳前哭的死去活來，發紓心中鬱悶。母親不識字，外婆家除大舅父粗識幾字外，其餘皆文盲。為了我兄弟

二人讀書問題，母親與大舅父主張相左，母親主張讓我
讀書，大舅父主張送我到縣城裡店舖做學徒，將來從商，
我弟耕田，不必讀書。因為我的身體較羸弱，對讀書有
狂熱的喜愛，可是讀書需要很多錢作後盾，在當時的確
無此財力，大舅父很為難也是事實。我弟身體強壯而頭
腦簡單，是種田的料。為了不供給我讀書，我偷偷哭了
不知多少次，也和大舅父鬧得很僵，我討厭大舅父。因
為常住舅家，從小我就希望在舅家有個屬於我的書桌，
此一願望一直到我離家當兵依然未達到目的。父親所藏
的線裝書籍和名人字畫很多，民國七十八年八月回鄉探
親獲知，被傚賢大哥挑選了大部分，石橋大表弟也拿去
一些，現在已無餘存了。童年喪父是人生的大不幸，每
次看見別家孩童享受父愛時，自己的心情就非常複雜，
羨慕、嫉妒、自慚形穢。雖然外婆、母親呵護疼愛無微
不至，但幼小的心中總覺得少了點甚麼。

　　家鄉農曆新年，由除夕起，燃放爆竹，敲打「鑼鼓
傢伙」，鼓經各村不相同，所用之鑼鼓則完全相同，計有
大鼓、大鑼、鐃鈸三種。三個人就可以敲打起來。鼓錘
是較為講究的，不但要好的木料，而且在頂端栽釘紅
纓。鐃鈸把手部位有紅布，兩手執鐃鈸拍打時，在精彩
緊要處高舉向外翻，非常活潑有力好看。三人中以打鼓
者為領導，會打鼓者，鑼、鐃鈸自然會打。我打四合村、
石橋堡兩個村子的鼓，每年皆玩，樂此不疲。鑼鼓傢伙
是各村的公有財產。我們二曲鎮每年正月二十八日有迎

神廟會（東岳古會），由各村輪流舉辦，在麥子地裡唱對台戲（西安三義社、易俗社都來唱過），神輿遊行，鑼鼓喧天，青年人列轎子（一乘小轎，四個人每人將轎橫置於後頸，形成面對面以兩手臂與後頸用力向前抵，力弱者後退），是比力氣的活動，含有競技之意。廟會一連數日，熱鬧非凡，有賣各種吃食的，有設攤遊胡（賭博）的，跑單幫趕集作生意的都來湊熱鬧，大撈一筆。平常不出門的大姑娘小媳婦，在廟會期間都出來看熱鬧買東西。主辦村子家家戶戶招待遠來之親朋好友（很像台灣民間吃拜拜）。廟會結束，正月（新年）也過完了，二月冰雪開始融化，春回大地，欣欣向榮。麥田經過廟會人們的踐踏，麥苗長的特別茂盛，難怪村內父老都設法爭取，把自己的麥田作為廟會場地。民國二十九年正月二十八日是我參加的最後一次廟會。

說來非常慚愧！我只是小學程度。大舅父不主張我升學，母親無奈，我只有偷偷流淚傷心。幫助舅父們務農，由於身體不健壯，非常吃力，也做不好。大舅父要送我去商店當學徒，我堅決反抗，因此，鬧得很不愉快。農閒，我則自修，這種無希望、無興趣的日子，實在難過！假如父親健在，我相信不但不會輟學，而且會供給我受到高等教育，也許能有一番成就。

我升學無望，務農、習商又非所願，處此徬徨無主的時刻，亟欲另謀出路，冀能自創，遂萌「男兒應當志在四方，不可老死家園」的想法。二十六年七月七日日

本侵華戰起,次年青年學生紛紛組隊到鄉村宣傳,喚起全民奮起抗戰之意識,此時已有意從軍報國,但不得其門而入。

參、戰鬥列兵

　　民國二十八年秋，遠房舅舅何志賢，由部隊請假回家省親，那時他是陸軍第七十一軍第三十六師補充團（前身是一〇八旅二一六團）第二營機槍第二連上尉連長，順便在家鄉羅致知識青年到部隊當兵，以提高他連上的知識水準。當時部隊百分之九十以上是文盲，三位排長，只有一人識字。於是我與傲賢大哥及我的同學李希密（李顒的後代）、何志智、李歲明、孟東興等，抱著滿腔熱血跟隨他徒步至渭河以北之普集站，乘隴海路火車到渭南零口站下車，再徒步到依家村連部。我們都編到各班當戰鬥兵，階級是一等兵。先習中正式步槍，再習重機關槍，當時連上重機槍有兩種，一種是「馬克沁」，一種是「三十節」（金陵兵工廠民國十年十月十日生產。此槍為三大件，即槍身、槍鞍及腳架，故命名為「三十節」），兩種都是水冷式，發射速度每分鐘二五〇發子彈，不過三十節速度較馬克沁稍快，因為馬克沁機關體是弧形，三十節是直形。馬克沁高射效能高，而三十節則否。馬克沁是兩大件（槍身及腳架），較笨重，運動不便；三十節是三大件，較輕便。其操作之人數兩

槍相同。我擔任過馱手、彈藥手、觀測手、裝彈手、射手。我對此兩種機槍之諸元弄得很熟，我升上等兵就是因為校閱官從排長、排附、班長、排頭以次的幾名，一一詢問兩種機槍發射何者速度快？為甚麼？他們皆知三十節速度快，為甚麼便不知，校閱官已無意再問了，臨離去之際隨便問到我，我答因為三十節機關體是直形，馬克沁是弧形之關係，所以然耳。校閱官大悅，團長、營長、連長也很光彩，校閱過後，團長（吳垂昆，陸軍官校六期）召見談話，遂升上等兵。升一級每月多領一元餉項，班上弟兄要我請客，我拿出一元由他們採購自炊，當時物價一元可買豬肉十斤（酒肉同價），此一元所買的酒肉，全班弟兄大吃大喝，還有喝醉的。

我們初着軍服，一舉一動不像軍人，連長規定出小操（在正常操課之外的休息時間出操，謂之出小操），吃了不少苦頭。我們進步很快，很短時間便學會了徒手基本動作（如各種敬禮、原地轉法、立正稍息、行進間方向隊形變換、解散集合、整齊報數……），再進一步下功夫練習單槓、木馬、跳高、跳遠、投擲手榴彈、射擊預習、持步槍操作、重機槍操作、拆卸安裝、馱手操作、野外戰鬥教練、夜間教育（夜間內務、緊急集合、戰鬥教練等等）。我們幾個新兵學術科凌駕一般列兵之上，舉凡壁報比賽、小型話劇演出（兵演兵、兵唱兵）、學術科測驗等，都能有聲有色，為連上贏取很多團體榮譽，因此，連長、排長對我們幾人較為愛護。傲賢大哥過不慣

此種緊張，而且每日只吃兩餐很差勁伙食的生活，中途不幹了。

　　沒有營房，部隊在鄉村駐民房、廟宇、祠堂，我們以班為單位住民間空屋，除排長以上人員單獨有床（炕）外，班長及列兵一律地舖，地上舖麥草，以磚塊砌邊，每人有一床灰色棉質軍毯，一半舖一半蓋，春夏秋冬僅此一毯。棉大衣每班僅有幾件，給衛（哨）兵穿着。沒有沐浴設施，要洗澡，自己想辦法。地舖中跳蚤多，士兵身上蝨子多，因之患疥瘡者多。沒有蚊帳，夏天飽受蚊子侵襲，患瘧疾者多。我受過跳蚤、蝨子、蚊子的侵襲，患過疥瘡，發過瘧疾，也患過眼疾。醫藥缺，曾吃狗肉治療瘧疾。

　　二十八年冬（臘月）患了一場大病，連長把我送回家，到家後病危，曾一度休克，外婆、母親、弟弟已為我覆蓋了臉，燒了紙，說我已經去了，正當大家號天呼地的痛哭時，我活了。當我甦醒後，猶憶方才夢境，夢中一條很長的長虫（蛇）由腳向上纏，一直纏到脖子，於是呼吸困難，想喊叫，叫不出聲，痛苦的掙扎著，人也癱了，適於此時，來了一白長髯老者，拄龍頭柺杖，口罵：「這一妖孽，怎可害此貴人？」立即以杖擊蛇頭，蛇亡、落地，我恢復了呼吸，長長的呼吸了一口氣，並「哼！哼！」痛苦的呻吟著，接著人也醒轉過來，清晰的記住夢中情形，有氣無力的向家人述說。外婆說這是菩薩保佑；母親說這是祖宗顯靈保佑，延娃命大，將來

一定長命富貴。全家破涕為笑，愁雲慘霧立即消失。病癒後外婆到廟裡燒香，感謝菩薩保佑，並祈求了一些用黃表紙包的香灰，說是菩薩給的藥，命我口服，我雖然知道是迷信，但不願違抗她老人家的愛心，就順從的服用了。母親則在祖宗牌位上香，默禱感謝（我跪在母親身邊），母親說：「延娃命長，將來一定逢凶化吉，長命百歲，祈求祖宗顯靈顯聖隨時保佑」，態度嚴肅，內心至誠，母愛之偉大一定會感動祖宗的，我當時被母愛感動的真想哭。果然，軍旅三十六年四個月，曾多次逢凶化吉；轉任公務員十一年九個月，平安退休，苟延老命到今，能說不是母親至誠之所致？

二十九年農曆新年，參加了正月二十八廟會各項活動。身體漸好，即返部隊。連長派我到團部接受旗語通訊訓練。旗語通訊，是在山地作戰交通不便，電話不通時，以旗語傳達命令或報告。我們作戰時曾經派上了用場。

春末夏初，部隊由陝西華陰行軍經潼關至河南，渡黃河到山西作戰。在未渡河之前，先在洛陽以南之龍門構築工事。龍門地勢險要，沿山石頭所雕佛像無數，其中有一巨佛，袴下一老者設地攤算命，我隨同伙伴們姑且一算，老者問明我的生辰八字，閉目掐指而算，語余曰：「汝將來官至中校，一生中有大災難數次，皆可逢凶化吉，婚姻必與東字有關，常有貴人照顧……」，算畢居然不收我費，曰：「如靈驗，再來面我」。數十年印證，

大部份很靈驗，祇是老者是否尚在人間，將來再去龍門還能見到否？

　　潼關以東河南省轄之地，里程很奇怪，三十里的行程，走了三四個小時仍然還有三十里，這三十里的路程走下來不會少於實際的九十里。我們先一天知道翌日行軍三十里即宿營，都非常高興，認為不需三小時便可宿營，途中大小休息皆可不必。結果所耗的時間比正常的八十里還多，大家空歡喜了一場。潼關，地處秦、晉、豫三省交界，有雞叫一聲聽三省、一夫當關、萬夫莫敵之險要地勢，是自古以來兵家必爭之地，其時日寇在對面山西的風陵渡以砲火封鎖潼關，晝間儘量不暴露各項活動，連火車亦不例外。我們行經潼關之幾日，每天晝伏夜出，晝間睡不著，夜間行軍卻又想睡。我擔任馭手，將韁繩繫於腰皮帶，閉眼睡覺，由騾馬帶動前行，有幾次，路上有坑洞，一腳踩入，隨之跌跤，人也醒了，但前行不久又睡著了。所以說打瞌睡行軍，是我親身所經歷的。至於大休息或小休息就地睡覺，乃司空見慣的事。

　　在龍門構築工事告一段落，即行軍到濟源縣境渡黃河，進入晉東南地區作戰，作戰地區是陽城縣、晉城縣、長治縣、長子縣等。晉東南地區滿山遍野是煤礦，民間燃料一律是煤，木材無人作燃料。唯一不便者是「缺水」，水冷機關槍缺水，槍管不能冷卻會發生故障，我們曾將尿儲存於手提水箱內，用以灌入槍身，發揮機關

槍應有之效能。

　　我學會了打草鞋(編製草鞋)，無論雙耳單耳我都很拿手，平常腳上穿一雙，背包內至少有兩雙備份的。打草鞋最好的原料是蔴和布條，耐磨舒服美觀，可是缺乏來源。我們退而求其次用仙人掌、霸王鞭、嫩竹等之纖維，最差最容易獲得的材料是稻草。每次補充了新兵都要教導打草鞋之技能，我曾擔任過示範。抗戰期間未聽說誰患香港腳，很可能是穿草鞋的關係吧！我也學會了縫補衣服與做襪底，衣服破了自己縫補，買一雙襪子先上襪底再穿，可以多穿些時日。半絲半縷恆念物力維艱之格言，在抗戰期間力行的最為澈底。

肆、初任准尉

　　民國二十九年夏在晉東南與日寇作戰，我連上的一位少尉排長負傷住院，遺缺由特務長蕭勝蘭（福建人）升任，特務長一職，連長要我擔任，我表示不願意，可是連長說：「想當排長，必須先當特務長」。況且本連特務長升任排長是事實，有先例，連長的話，不能不信。我不願擔任特務長職務，是基於：第一、我最討厭雜七雜八的行政工作，以及打算盤算帳。小時候傲賢大哥教我學珠算，每次不數分鐘，我就毫無興趣的打瞌睡。第二、我一心一意要帶兵，對特務長工作沒有興趣。然而在戰場上，長官的命令絕對不可以違抗，於是在千不願萬不願的情況下，勉強就任。那年我十九歲，沒有一點經驗，辦事倍加費力，吃了不少苦頭。當時國軍部隊糧餉尚未劃分，官兵由薪餉內勻出部份做為伙食費，如吃不完，還可分伙食尾子。在戰場由於交通不便，向後方購運糧秣根本不可能，烽火連年地區採購，缺乏糧源，有錢也買不到，因而部隊常一日僅獲一餐，甚或三日不得一飽。我們吃過煮小麥，煮黑豆，煮高梁，煮玉米，煮小米算是最好的飯食。無油無鹽無菜。有幾次找不到

水，發現山谷陰溝滲水，立即掘一小坑積存，派衛兵守護，用以煮食物。有時下了場雨，山坡坭土經過騾馬踐踏留下的蹄印積存摻有馬糞馬尿的雨水，我們竟扪來解渴。被服方面，常不能按季節換補服裝，往往夏穿冬衣，冬著夏服，官兵極其苦惱。在此狀況下，掌理全連一百餘人及三十多匹騾馬的行政工作，談何容易？

部隊不能按月按時發放薪餉，全連官兵為了急需，經常有一元或五角的零星借支，沒有任何手續，我年輕記憶力強，誰借去多少，均能記得，所以未逐一登記，發餉之日要扣回時，彼等則不認帳拒絕扣除，雖發生爭執，但於事無補，此種情形有半年之久，我每月俸薪全部貼入還不夠，吃了暗虧無處申訴。在無可奈何之情形下，向其他各連年齡較長經驗豐富之特務長請教，他們告訴我，應該準備小型日記簿，隨身攜帶，將借支人之姓名、借款數目、用途及時地等一一簡要記載。我立即照此方式實行。發餉之前先作一番整理，扣款時有人不承認，我即一一說明何時何地借了多少錢作何用，請回憶一下有無此事。說來有趣，這一招的確有效，彼等不但無法賴帳，而且認為我這個小鬼特務長精明起來了，不能再打馬虎眼了。所有借支均能如數扣回，只是負傷住院的及陣亡的，沒辦法扣回，自認倒霉算了。吃了半年暗虧，賠進去半年俸薪，得來的寶貴經驗，為我奠定了謹慎、細心、勤於紀錄的習慣，對後來三十餘年的經理、財務及後勤補給等工作之助益相當大。每次職務異

動辦理移交都毫無問題。因為天天準備移交，天天都弄得清清楚楚。在九十三師擔任預財組長時，於民國五十三年考入陸軍經理學校進修班受訓，尚未畢業即於五十四年二月調陸軍總部人事署，接任我職務的是雷廷祚中校，我的職務代理人唐子厚少校為我代辦移交。師長張道一少將查問唐少校，周組長移交有無問題？唐說：組長天天都在準備移交，於公於私均無任何瓜葛，移交沒有任何問題。師長覺得很新鮮，在他觀念中認為財經人員移交時，多多少少都會有一點問題的，周某人竟毫無問題，真是難得！當即寫了一張手條，在特支費項下獎勵我新台幣四百元，等於中校級半個月的薪俸，是一筆意外收入。

民國二十九年下半年，部隊由河南乘隴海路火車至寶雞，再由寶雞行軍到南鄭（漢中）。我團駐城固縣馬場村。此時開始實施糧餉劃分制度，官兵每人每日主食（糙米）初為十八兩，後增至二十兩，二十四兩，最後增至二十八兩。主食不夠吃，每日兩餐都打衝鋒，動作快或有技巧的（第一碗裝的少點，很快吃完，第二碗則儘量多裝）吃飽了，反之則餐餐吃不飽。後來演變到以班為單位按人數分飯，由採買與監廚之士官會同，將煮好的飯過稱，以入伙人數除之，即為每人應有之重量，再以每人應有之重量乘各班入伙人數，即為各班應得的重量。這種辦法可說很公平、公正、公開，然而各班班長不好意思與全班弟兄爭飯吃，每餐只能吃個半飽，頗為

苦惱。是年冬部隊行軍到四川整訓,為了使官兵能吃得飽,經常派人到鄉村以糙米換蕃薯,按一比四(一斤米換四斤蕃薯)換來的蕃薯摻入糙米同煮,主食勉強夠吃(沒有油水,大家飯量特別大)。為了改善伙食,不知費了多少心思。當時伙食是部隊中最為棘手的問題。抗戰期間物資缺乏,生活艱苦,士兵由於吃不飽而開小差(逃亡)者比比皆是。如果菜裡有一點豬油或肥油之類,那就非常好了。部隊最高興的事,便是打牙祭,每次完成一個重大任務,長官犒賞加菜金打牙祭,是激勵士氣的最佳方法。

　　行軍、作戰部隊開飯的時間常常臨時規定,這時最感頭大的是炊事人員(伙伕)臨時生病,影響炊具攜帶和炊事工作。在任何困難情形下,行軍鍋絕對要攜帶並維護完好能用,因為這是全連官兵賴以吃飯的最重要工具,不可疏忽。我在特務長任內,替生病的炊事兵挑過行軍鍋,背過麵粉、大米。其次是騾馬問題,每日宿營後,要督導飼養兵(馬伕)妥善餵以草料,並檢查馬背、馬蹄,馬背磨傷了要敷藥治療,蹄鐵磨損了要連夜釘好,否則,無法馱儎械彈,那麻煩就大了。

　　准尉特務長是連上的管家婆,事務之繁雜,責任之重大,非身受者難以瞭解。而特務長之出路,可以升任排長,也可以升任軍需或副官。我吃了半年虧,學會了一些經驗,以後的工作不但能勝任,而且是全團各連之冠,團部軍需出了缺,優先遴選我升任。真是命運捉弄

人，不願幹的事，卻偏偏要我幹，而且一幹就三十多年，
除了認命，又能如何？既然認命，就不能不敬業，由於
敬業，績效尚能獲得長官滿意。幾十年來，敏於事而慎
於言，就有道而正焉，是我的座右銘。

伍、尉級階段

　　民國三十年於西康西昌，三十六師補充團撤銷，官兵分別撥編一〇六、一〇七、一〇八團及師部直屬部隊。師部以任務編組方式設少年隊，將全師少年兵集中訓練，隊長馬毓泉少校（原職為師部作戰參謀）親到補充團挑選特務長，當時全團特務長以我最年輕，成績最好，也最純潔，於是我被選到少年隊擔任特務長。到職不足一個月，原補充團團長魯豈愚上校（陸軍官校六期騎科）奉命到四川遂寧縣軍政部遂（遂寧）武（武勝）師管區擔任補充第四團團長，暗中物色幹部，我被羅致，遂以書面報告請長假，經隊長轉呈師長李志鵬（程九，陸軍官校五期、江西雩都）少將核示，師長批示：「如該隊長能另物色承任斯職者則予照准」我懇切的請隊長找人接替了我的工作，隨魯團長由西昌行軍到四川遂寧。時老連長何志賢上尉亦隨魯團長到師管區當連長，乃留在連上又任特務長，數月後即調升團部少尉軍需，擔任審核與會計工作。半年即晉升中尉，再半年晉升上尉。在中上尉期間曾有兩次報考軍需學校學員班十二期及十四期的機會，前者因同事徐磊上尉報考，團長不同意我

去，後者，適逢團長調職（由師管區調七十一軍新二十八師八十四團團長），我必須替團長辦理移交，（我團由四川送新兵到雲南保山撥交七十一軍，交兵完畢，團長調動，派我到四川遂武師管區辦理計算、清結糧餉帳目，費時數月）移交辦完畢，考期已過。由於十四期是最後一期，致再無機會，從此行伍到底。當時規定服務二年以上之中尉軍需，即可由團長出具公文保送報考，團長不保送，便不能報考。隨魯團長到新二十八師八十四團，仍承辦審核與會計工作。時，實施軍需獨立，經理歸軍，我每月赴軍部（駐保山）數次，於公餘之暇，遊保山易羅池，瞻仰軍長鍾彬中將修葺易羅池濯纓亭並建履青橋所建立之誌文：

雲南保山易羅池濯纓亭記

中華民國三十一年壬午夏五月倭奴寇邊，跨怒江而東者近千，其時有司棄城，守軍落荒，哀鴻遍地，岌岌皇皇，適軍先頭師李師長志鵬率熊正詩團，到達惠通山，與敵激戰，凡四晝夜，殲其大半，殘敵退江西岸會其主力劃江而守，保民復得安居樂業者亦幸已。余於治軍之暇，偶遊易羅池，見昔年鄧子龍將軍所建濯纓亭，雖歷經官申修葺，今又茅草叢生，破敗不堪，乃籌金復修，並建橋以通，顏曰履青，亭名仍舊，藉以景仰昔賢，與眾同勉也，是為誌。

軍長鍾　彬

　　由以上短短誌文，不難瞭解三十六師於三十一年夏打惠通橋戰鬥之大概狀況。

　　新二十八師八十四團原駐保山馬王屯，後接替怒江防務，團部駐楊柳埧。民風純璞，最重情感道義，農曆新年期間，家家戶戶扶老攜幼，上墳祭拜，祭品豐盛，因可邀友同往，我被當地士紳邀請上墳，他們祭拜如儀後，祭品即可作為野餐，就地而食，習俗，不帶筷子，各人自找蘆桿或白蒿桿等野生植物作為筷子，頗具野趣。

　　保山民俗，添飯最使客人吃不消。宴客時，主人視客人碗中飯將盡時，由客人背後忽然伸出一杓飯扣入碗中，或飯已吃完將筷子置於碗右，主人仍然添飯，若不吃，則為看不起主人是極不禮貌的。我們不懂此習俗，常為赴宴吃飯太飽而苦惱。後來得知將筷子置於碗左，即不再添飯，惟不知其所以然，問了很多中、青、少年人，皆不知，後來問一位七十餘歲飽學之士，承告：「子曰：子能食食教以右手。置於左表示左手不能用筷子，亦即不再用飯了。此俗係我國古文化所孕育出來，綿延至今。」很有意義。

　　民國三十三年夏我軍反攻緬甸，我團由楊柳埧出發經滇緬公路七〇七（即七百零七公里處。當時很有名氣），由攀枝花渡口渡怒江，攻打龍陵縣境內大團山。接替防務進入陣地之日適逢大霧，能見度不到三尺，雖行動困難，但非常隱密，因為對面山上即敵軍，晴天，面

對面看得很清楚，大聲說話都能聽見。有一天某連士兵
見其他各連已送飯到陣地，他們連上尚未送到，遂大罵，
不料被對面山上敵人聽到，立即說：「老鄉！我們這裡有
飯，過來吃吧！」由於霧大，我們換了防，敵人還不知
道，對我軍接防佈陣非常有利，可說是我團的運氣好。

　　我們在山間露營，為了防雨，自己砍樹割茅草搭建
茅蓬。此地天無三日晴，路無三里平，三天兩頭下雨，
茅蓬的情形是「外面大下，裡面小下，外面不下，裡面
滴答滴答。」關節炎、風濕病就在這種情形下罹患的。
蚊子特別大，還有旱螞蟥，防不勝防，無人不被侵襲。

　　攻擊之先一日，殺牛加菜，團部軍需組紅燒了一盆
牛肉，迫擊砲連連長陳家珍很有口福，被他碰上了，於
是大飽一餐，狼吞虎嚥，吃相不雅，我們開玩笑問他是
否餓了數日？彼曰：「只吃這頓，以後不吃了！」第二天
拂曉攻擊，剛一開始，陳連長即陣亡，竟然一語成讖，
同仁們均為之悲痛不已。我團攻擊了一天，到下午攻克
了大團山，全團傷亡慘重，團長將所有官兵（含團部）
約四五百人，編了一個加強營，防守已攻克之陣地。大
團山日軍所構築之防禦工事，非常堅強，易守難攻，山
之四週築碉堡，碉堡內通地道，地道連接隧道，整座山
內四通八達，有班、排、連之集合場，有倉庫，一切都
在地下。我團攻擊時，以挖掘交通濠之方式，一寸一寸
的向敵堡推進，敵堡前設有障礙物，地雷、通電的刺鐵
絲網、竹籤等，敵軍除了不斷射擊，還不時由碉堡射孔

推出黑色金屬爆炸物（我們名之為黑鉈鉈），向下滾數十碼即爆炸，尤其滾到交通濠，我軍傷亡最大。後來以蔴袋裝土置於濠的上方，節節推進，作為障碍物，始順利的挖掘上去。接近碉堡我軍將手榴彈擲進去，如此，才攻克了一座山。隧道中敵軍以廢鐵爛銅焊接，內裝炸藥、雷管，爆炸後殺傷力很大。我軍進入隧道清掃殘敵，發現營妓，東北人、台灣人、日本人都有，士兵們殺紅了眼，一律照殺。此役，擄獲敵軍武器彈藥口糧被服很多；此役，軍長的內弟（任營長，姑隱其名）陣亡，軍長的夫人不滿，在軍長面前嘀咕，我團打了勝仗，團長不但無功未予調升，反而落了不是而調離，幸集團軍總司令宋希濂將軍明智，曾當面嘉許團長，於得知其調離，即命其追隨左右，後來魯團長隨宋將軍到新疆。八十四團團長一職由軍部軍務處處長廖蔚文繼任，未數月新二十八師編散，八十四團撥入駐在昆明之第五軍。廖於抗戰勝利後在濟南王耀武手下主管作戰，居然與中共往來，變節投降。我們由保山行軍至昆明，行經下關宿營時接軍部電報，要本團立即派員到保山軍部結帳，團長派我於翌日前往，結帳完畢立即趕到昆明，部隊業已撥編，團長和妻小在昆明待命，我僅向團長復命而已。這次長途往返，公家未發我旅費，完全用我自己的錢，任務完成了，部隊沒有了，旅費泡湯了。團長有意推介我到第五軍，正在接洽中，適三十六師黃麟少校擔任新兵大隊大隊長，在昆明接兵，駐珠璣街，邀我協助周惠

民辦理補給，於是重回三十六師。新兵大隊由昆明行軍到貴州省貞豐縣師部，沿途逃亡在所難免，代理師長朱振華少將（朱為副師長。師長李志鵬受訓）過去與黃有過節，公報私仇將黃扣押，軍需處主任謝孝德（湖南武岡人）見黃大隊長被押，不問青紅皂白派馬萬里帶槍兵將我及周惠民亦分別拘押。我被關了一夜，第二天得知我無絲毫不是之處，於是恢復了自由，並派在軍需處擔任審核工作，階級仍是上尉。

　　民國三十四年八月初部隊由貞豐出發，經廣西到廣州，行軍途中剛踏進廣西境內（八月十四日），通信部隊收聽到日本無條件投降之消息，我們領頭放爆竹，並將此好消息用紅紙書寫張貼街頭，民眾奔相走告，立即歡聲雷動，鞭炮聲震耳欲聾，抗戰八年所受的苦難，對日本人的憤恨，罄竹難書，全國軍民此時之興奮歡欣，無以形容。我軍經過賓陽及梧州，親眼看到兩城市被日機轟炸得面目全非，到處殘垣斷壁、瓦礫灰燼，是被炸最慘的兩個城市。廣西鄉間到處有西式樓房，民性強悍，部隊行軍不可落伍，尤其攜帶武器落伍，不但武器被搶，連性命亦將不保，是比較特殊的。

　　在梧州大休息數日。部隊由梧州搭乘以輪船拖著航行的木船（每輪拖拉數艘木船）到廣州。第一次乘此種被拖的木船，至為新奇，飽覽沿途兩岸風景，空氣清新，盡消多日行軍之疲勞。

　　到達廣州師部駐黃沙碼頭一幢大樓，各團則分駐廣

州外圍。抗戰剛剛勝利，國軍深受民眾尊敬，物價低廉，我們領了勝利獎金加上自己的薪餉，每人荷包裡都麥克麥克，師司令部同仁早餐多到茶樓飲茶，晚餐到長堤大餐廳大吃，出手大方，餐廳服務人員另眼看待，連經理級人物都躬腰哈背的迎送不迭。我們最感不便的是語言問題，初到，不諳粵語，處處不方便。到達廣州的第二天，到澡塘洗澡，往返乘黃包車，為了車錢發生爭執：上車時車伕說一百滿（即二百元），下車付一百元，車伕說唔得嘅！（不行），滿頭霧水，弄不清楚，經詢問一位懂國語本地路人，始知粵語一、二讀作呀、一，遂付二百元。從此便下功夫學粵語（廣東白話），同事劉人蛟（廣西人）曾教大家一陣子。大家年輕，學習認真，進步很快，可是有些讀音還是弄不清楚，如墨、襪等，常會詞不達意，鬧出笑話。三十八年廣州撤退，至陽江海邊，前有大海後有追兵，海岸沿線散兵傷病兵眷屬亂七八糟，又值夜晚，我若不諳粵語，不是陣亡便是被俘，可見學習當地語言是有很多好處的。

　　遂武師管區補充第四團有位營長，河北人，出身保定軍校，資深年長，對長官絕對服從，每次到團部見團長，必於門外喊報告，團長應允後始進入行室內禮，立正站好，完全照陸軍禮節進退，團長對其禮遇有加，親自迎接請坐。此君帶兵與眾不同，營部設良心禁閉室，劃地為牢，或設於停厝棺木之寺廟，受禁閉者依其所定時限拘留其中，不派衛兵看管，說也奇怪，受罰者皆能

遵守，按所定時限進出，從無違背；對逃兵，若抓回必
禁閉，如抓不到，即紮一稻草人，穿軍服，佩帶該逃兵
符號，並將該逃兵姓名、籍貫、出生年月日寫一紙條裝
入草人腹中，集合部隊，當眾宣布罪狀，予以槍決。由
於士兵知識程度低，此一愚民作法，尚頗能收效。

三十六師補充團有一位連長嗜賭，贏了錢，即用以
提前發餉，贏得多，發二、三個月，贏得少，發一個月
不等，如輸了錢，則一兩個月不發餉。他連上從無逃
兵，亦從不吃空缺，更無人反映連長不好，是戰力最強，
能征善戰的一個步兵連。

我在三十六師補充團第二營機槍第二連當特務長
時，我的傳令兵韓培賢，河南人，原為土匪頭子，對偷
雞摸狗及幫會方面非常精通。二十九年在山西作戰那些
日子，經常於夜晚偷殺民羊，其方法是掐住羊喉，使羊
不能叫，立即割斷羊的喉管，然後卸下兩隻後腿，其餘
不要。提兩隻羊腿回來，弄乾淨，煮熟，作為乾糧；又
以大米飯做成豌豆大棵粒，將線頭打結裹於粒中曬乾，
線很長，拉力強，在鄉間無人處見雞群，即撒出帶線之
飯粒，雞爭食，飯粒進了胃，線仍接連於外，雞不會叫，
乖乖由其牽著走，鄉下人還以為他有甚麼法術使雞跟他
走，用此方式不知偷了多少雞。還有我們連上的號兵，
精於賭博，他從不在本連賭，說是兔子不吃窩邊草。他
出外賭一次，只供其一個月的零用，夠用就好，絕不貪
多。那位傳令兵及號兵均江湖中性情人物，很義氣，對

待他們要真誠，千萬不可欺騙。我以誠相待，他們對我很好，得到不少協助。記得有一次我帶了幾位伙食委員由靈寶到洛陽買小米（較便宜），糧商運往火車站堆積於月台，當時月台上一個方塊一個方塊堆積待運的小米很多，下層社會盜米者以削尖的竹筒底端連接布袋藏於長袍內，竹筒在衣袖中，小偷身依米袋作休息打盹狀，暗中將竹筒尖端插入蔴袋，小米即進入布袋，動作乾淨俐落，沒有破綻，很難發現，也不易抓到。韓培賢深諳此中奧秘，將我的行李用一種行家手法捆紮，置於米堆上，不須看守，大夥相偕進城到澡堂洗澡、遊玩、購物，以等待火車，結果，不但未被盜竊，反而得到他們暗中保護。事後得知捆行李之手法，隱藏了某種記號，明示此堆小米是自家人之物，他們自然會保護的。

魯團長由四川送新兵到雲南保山，交兵完畢，即調任七十一軍新編第二十八師第八十四團團長，我與劉克昌、馬驥超隨魯到八十四團。未數週，團長派我們三人到四川遂武師管區司令部結帳辦計算，由保山至瀘州，係團部諜報隊隊長與輜汽五團打的交道，讓我們免費搭乘他的汽車，食宿亦受到照顧。瀘州經重慶到遂寧，自行設法乘船。輜汽五團（團部駐畢節）在抗戰期間運輸繁忙，往返帶客（稱為黃魚）帶私貨，沿途關卡、客棧食宿均有青幫為之掩護照應，賺得多，開銷亦大。曾流行「喇叭一響黃金萬兩，輪胎一滾鈔票成捆」順口溜，形容輜汽五團車隊額外收入之情形。由畢節至保山這條

路沿途待字閨中的小姐，曾有願嫁汽車駕駛不願嫁步兵團長之說。我們在遂寧日夜趕辦將近兩個月，任務完成乘木船到重慶，等待開往瀘州的輪船，兩天後開船之日，我們上街買日用品，我買了一雙短筒馬靴，返旅社途中發覺馬刺未裝入紙盒，立即往鞋店取回，此一耽擱，我們到碼頭，船已離岸，他們倆位埋怨我，大家非常懊惱，無奈只好再回旅社等下一班船。第二天閱報，得知此船昨夜在長江出事沉沒，乘客遇難。由昆明到保山搭乘軍部辦事處運輸軍品之便車，因有數人不按排定次序而搶先上車，佔了我們的位置，辦事處主任決定要我們再等幾天，此車在下關與漾鼻之間出了車禍翻落山谷，連屍體都無法找到。以上兩件事，印證了塞翁失馬焉知非福之故事。過了幾天，我們成行，行經漾鼻高山上汽車拋錨，駕駛回昆明取零件，我們乘員六、七人在山上一晝夜，前無村後無店，無食物，我和馬驥超冒險在附近山區尋找可以吃的東西，費了幾個小時時間，發現一小塊地種有蠶豆，且已結實，於是剝取豆粒裝滿身上每一口袋，回到車邊，並到附近山谷找到水，在馬路旁用臉盆煮蠶豆充飢，所有同車的人都沾了我們的光。

三十六師由廣州移駐石龍，擔任清剿附近幾縣土共的任務。三十五年夏由石龍乘船到上海，再轉青島，在上海過端午，在青島過中秋。石龍至九龍，我負責押運一列火車之輜重物資，於九龍彌敦碼頭堆積等待裝船，英籍警察干涉，態度很不好，我們的士官兵不諳英語，

觀其態度已猜知是不友善，不讓我們堆積的意思，弟兄們伸出拳頭在該警察鼻前幌了幾下，意思是你干涉我揍你，嚇得趕快離去，不再過問。我們部隊進入九龍時，軍容整齊，雄壯威武，民眾夾道歡迎、參觀，爭睹中華民國陸軍軍容，僑胞們感受到揚眉吐氣的舒暢，情緒非常高昂，因之，我們在港九停留待船之期間，民眾對我們尊敬，警察對我們客氣，是我軍職生涯中最風光的時刻。

　　三十六師各級長官對軍紀要求極為嚴格，全師官兵守紀律是其光榮的傳統。茲舉實例三則：其一、民國二十九年初夏於河南省陝縣境內行軍經過一處李子果園，結實纍纍，我團第三營某連一士兵順手摘了一個，咬了一口尚未下嚥，即被營長梁廣榮發現，立即命令全營集合，宣布罪狀予以槍斃。其二、民國二十九年冬由陝南行軍到四川，在川北某地鄉村，早上臨出發前部隊集合，一位老媼嚷嚷少了一雙筷子，團長立即命令檢查，數分鐘即查出是一位士兵無意間順手帶了一雙筷子插在背包上，團長在盛怒之下立即予以槍決了。其三、民國三十一年由四川行軍到西康，由於崇山竣嶺，川康公路多盤繞於山腰，沿公路走較遠，走小路較近，少費力氣，但易違紀，出發前曾有命令規定不准走小路，師長騎馬突擊檢查沿途小路之通口，發現了立即就地槍斃，毫不寬貸。以上三個實例，以現在尊重人權重視生命的角度來看，似乎過於嚴苛，草菅人命，然而在戰時若不

採取殺一儆百的手段，軍紀是很難維持的。

民國三十五年夏，三十六師由上海船運青島，其時共軍便衣人員已到滄口活動，部隊下船後立即開往即墨、膠縣清剿。滄口民眾說：「八路軍便衣人員不許老百姓向國軍報告消息，誰說就要誰死。」悉以恐怖手段控制民眾。中秋節前後我罹患痢疾，師部醫官診治無效，拖延了很久，我向主任謝孝德上校請求住院治療，他批示准我住野戰醫院治療三日，缺乏同情心與人情味，更不懂領導統御，我一怒之下請同事送我到青島住山東大學附屬醫院頭等病房，住了一星期痊癒，自己負擔全部費用，公家沒有分文補助，謝主任對部屬就是如此的刻薄。為我擔任護理工作的是王秀華小姐，注射針劑是第一流高手，由認識而交談而朋友而相戀而結婚，其間一年餘，曾發生多次波折，真是一言難盡！少女心海底針，實在無法捉摸，決裂、復合、再決裂、再復合，不知凡幾，最後她父親（我的岳父）王士博面試，是最難的一關，他老人家是外科醫師，文學根柢很好，尤其古畫典故知道的很多，萬幸，所問，我都能對答，他對我這個一無所有的年輕軍官，心中雖不悅，但又挑不出毛病，更拗不過秀華的執著，在無可奈何之情形下首肯了。在我倆相識相戀期間，三十六師長官、同仁、眷屬凡到山大醫院門診、住院者，都打了我的名號請秀華幫助，無論掛號、找醫師、取藥等等，她都盡心盡力奔走設法，儘量使他們滿意，因此，他們在內心裡欠了我倆一

份人情。三十六師到達青島後，師長（李志鵬、程九將軍）規定全師幹部不准結婚，在禁令未解除前，部份幹部不敢明目張膽的舉行結婚儀式，只是偷偷摸摸的同居，經師長批准於三十六年國曆十一月二十二日（農曆十月十日）正式公開舉行儀式結婚者，我是第一人；此例一開，由同居而補行婚禮者或相戀已久辦理結婚者，如雨後春筍。值得一提的是我不是甚麼三頭六臂之人，更與師長無任何私人關係，何以會批准我結婚？原因是：師長、副師長及三位團長的太太都住青島，有病都到山大醫院診治，每次都藉我的關係請秀華幫忙。有一次師長太太約我倆到她家問我倆何時結婚？我說不知道，因為師長有禁令，師長太太說：你打報告給師長好了，我請師長批准。

　　結婚前之籌備工作：第一、住的問題：我與周惠民、孟憲周同一宿舍，他們倆人志願遷出，讓我佈置作為新房。第二、禮堂：由平劇隊隊長周國瀛負責，設於他隊上的大廳。第三、樂隊：由師部軍樂隊隊長負責。第四、交通工具：由汽車隊隊長饒振武負責。第五、總務：由孟憲周負責。第六、證婚：請謝主任孝德擔任。第七、男方主婚人：請李科長運義擔任。第八、酒席準備十二桌。（結果，因為不請自來者太多，開了十七桌，工作人員尚無座位，第二天補請）。我只發了一百張請帖，而參加觀禮、宴會者幾乎超出近一倍，我倆既感激又欣慰，此乃人緣關係，無可厚非也。我窮得連一

套西裝都沒有，而軍服又無一套像樣的，在無可奈何之情形下，借同鄉王開圭的西服舉行婚禮。婚禮中除了按一般儀式外，還舉行了基督教之儀式，由岳父領導唱詩歌及禱告與祝福。是日證婚人謝主任因赴青島洽公而遲到，致詞時又說些與婚禮不相干的話，為唯一的瑕疵。新婚之夜鬧喜房者都是同事，花樣百出，非常難為情，事後回憶，頗有幾分甜蜜之意。

陸、校級階段

　　三十六年我已佔少校缺，但未晉升。三十七年春三十六師副師長朱振華（湖南零陵人，陸軍官校四期）調任一○七師師長，部份幹部由三十六師調往，我是其中之一，先在師部軍需處任少校主管審核工作，夏，派到三二○團軍需組任主任，我羅致了周惠民、王培榮、李士偉、周璧岑、伍春帆、謝允懷等加強了團軍需組之陣容，人手可謂一時之選。

　　民國三十七年國幣貶值，雖改革，未見效，政府在不得已之狀況下以庫存之銀元發放官兵薪餉，銀元中有民國三十年、九年、船洋、龍洋、雜洋等，在市面上使用時，船洋、龍洋、雜洋一圓僅值八、九角。我軍需組經管現金出納業務的是團長王滌陳（江蘇人、陸軍官校七期）之弟王廸新，此人原為商人，對軍旅之事，一無所知，掌理出納之本意，在藉機中飽，領發銀圓，正好是他動手腳的良機。每次到軍部領款必須派騾馬馱運，派同仁及槍兵協助與保護，方能安全運回團部，我為了公平、公正、公開起見，銀圓運回後，立即命令會同有關人員清點、分類、列表，由會計平均分配轉發各營連，

使出納無法私自動手腳，團長與出納對我非常不滿，認為我斷了他們的財路，然只是懷恨於心，卻無法公之於眾。

王團長過於貪墨，平常已吃有相當名額的空缺，仍不滿足，私自交代辦理士兵人事的苟軍需再予寄若干名空缺，苟向我請示，我曰：既是團長交辦，不必問我。苟見我不悅，遂未辦。一個月後，團長向苟查問增加寄名之所得，苟說：此事我的主任不知道，難辦，所以未辦，最好請團長交代主任一下。於是團長更加懷恨我，而表面上卻若無其事的看不出。團長到軍部軍需處私自大量借款，軍需處告以必須周主任攜帶正式印領來借，私人便條拒借。碰壁而回，又不便向我啟齒。因為軍部不欠本團的款，本團團部亦不欠各營連之款，根本沒有任何理由向軍部借款。他私自向軍部借款之目的，是先把錢弄到手，爛帳他不負責，留給我設法為他彌補，軍部長官同仁深知我的處境，所以拒借。

王廸新擔任出納期間，弄不到好處，既氣恨又失望，於是向他團長哥哥報告改派管理倉庫，認為倉庫有糧秣被服裝具等很多物資，可以大撈一筆。殊不知我早訂有制度，倉庫所有物資悉憑通知單收發，每旬依據通知單繕造報表向我陳報，我批交承辦人核對帳目（必要時我抽核），如有不符立即追查，務求帳目與現品全相符。數月後王某得不到好處，寫信向他哥哥發牢騷，不願擔任倉庫管理工作，因之調回組內，以無適合他胃口之工作，

所以閑著無事。同仁們戲稱為「王高參」。

　　團長派王廸新在軍需組，一方面是監視我及全組同仁，一方面是要發財。他萬萬沒有料到金錢及補給品收支（發）均有作業程序，嚴格管理，人人遵守，既無須監視又無從下手大撈。最後弄得灰頭土臉，哭笑不得，內心雖恨我，但又說不出我的不是。民國三十八年大陸逆轉，於廣東陽江他們昆仲無心隨軍轉進而被俘投共。

　　三十七年國曆九月二日（農曆七月二十九日）下午五時長子周　健出生於青島市滄口臨時（廢棄鐵工廠樓上）家中，請同事馮雨臣的太太（助產士）接生，當秀華陣痛時我在城陽接到電話，立即騎腳踏車趕回家，在床邊照料、安慰，給她力氣和精神支持，萬幸，母子平安。產後我必須返部隊，遂僱了一位女傭照料。三十六師的太太們很有人情味，紛紛贈送老母雞、雞蛋、甜酒、孩子的衣物等等，滿月後我在城陽請客答謝。健兒出生之翌日我以航空快信稟報母親，母親回信指示坐月子應該吃些甚麼，應該注意些甚麼，並給她心愛的長孫命名為「萬福」，慈母的愛心、關注使我終生難忘。健兒先天很好，身體健康，我夫妻二人共商命名為「健生」，取「天行健君子以自強不息」之意，「萬福」似乎太俗氣，遂未用，這是很對不起母親的。滿月之日及一百日都拍了照片寄給母親，母親有了孫子，萬分的高興。岳父有了外孫亦非常高興，曾親自帶了磅秤來家為他的外孫量體重，抱在懷裡逗弄相親，享受天倫之樂，而且笑口常開，

好像得了至寶似的。當時我們尚年輕，並不能體會老人家抱孫心切的情景。三十八年在新竹報戶口時填寫資料之際有人和我說話，一分心少寫了一個「生」字，戶籍員依我所填之原始資料便登記為「周　健」，當時未能注意，過後發覺少寫了一個字請求更正，依規定辦不到，於是順其自然就叫周　健好了。

　　三十八年秋末，殘兵敗將陸續到達海南島海口，經收容後開往渝林港。我奉調五十軍軍部軍需處擔任審核工作。此時，老同事蔡濟時由軍部砲兵營營長調升三十六師一○七團團長，蔡請我到一○七團擔任軍需組主任，我婉拒，（我認為維持同事、朋友較妥，不宜成為長官部屬）蔡請我推荐人選，我推介孟憲周擔任新職，王培榮、李維源隨孟到一○七團，李鳳鳴則隨我到軍部。是年年底由渝林港乘船來台，駐新竹。三十九年初整編，二十一兵團部暨所屬各軍師統編為五十軍，我有幸被選調整編後之五十軍軍部補給處軍需組，仍擔任審核工作。軍部先駐台中市（大同國小、干城營房）後移駐苗栗大同國小。是年實施補給到團，下半年我被派到一四七師四三九團補給組擔任組長。團長是高　任（別號惠庭，山東嶧縣、陸軍官校十四期，北洋大學機械系畢業），品學優，能力強，幹勁十足。補給組主管經理、財務、軍醫、獸醫、武器彈藥之策劃、補給等業務，責任繁重，兼之各種制度均在初創初建，每之恨不得有四十八小時的時間來工作，二十四小時實在不夠用。當時補給組人

手缺乏，我羅致李鳳鳴、滕達湧、何家蘅到團參與工作，（李管出納、滕管糧秣、何管被服）財務由劉聯財、李大興承辦，械彈由李德基、辛捷承辦，軍醫是劉猷善，司藥是陳志峰，獸醫是覃明章。司書姜傑元，文書士莊梅溪，補給士郭松如、劉慎行、范德甫，士兵王季洪、呂祖義。

　　四三九團擔任海防，夜間寒冷，各連每班僅破舊棉大衣二、三件，棉花成塊，多處無棉，實質上是廢品，我下決心將全團此種棉大衣收回送繳補給分區而除帳，使本團報表中無棉大衣。然後據以申請撥發新品。收繳廢品時未向團長請示，由我獨斷所為。各營、連長向團長反映，夜間哨兵冷得受不了，破棉大衣又被團部收繳，對士氣很有影響云云，團長責備我不應該如此做，我忍耐了，不作任何辯解。不久，申請的新棉大衣撥發到團，分發各營連每人一件，士兵們非常高興，而其他各團雖也領到了部份新品，但破舊品未收繳，各班班長對新舊品難以分配，發生很大困擾，領到舊品的士兵怎能滿意？這種狀況是領導統御最忌諱的。相形之下，全團官兵不但諒解我的做法，而且倍加讚譽，團長亦無話可說。

　　民國四十年，五十軍九個步兵團之補給組業務經軍部評定，四三九團居冠，軍部補給處通知各團到四三九團觀摩。我全組同仁在榮譽心之鼓舞下接受觀摩。在此之前，師部補給處對我很不友善，因我非其老團體之一分子而排斥，致處處碰壁。經過觀摩後，則有一八〇度

的大轉變，總算力氣沒有白費。

　　四十一年十月部隊改編，一四七師撤消，四三九團加四四○團一個營（營長張恩棟）編為二十六師七十六團，（原四三九團編為兩個營）新編制團部無組、室，幕僚為人事、情報、作戰、補給四大軍官。我被編為團參四之補給軍官。此時聯勤配屬各軍師之財勤隊初創，軍部暫由預財組長兼理，軍部有意調我去輔佐，名義上財勤隊長是軍預財組長兼任，實質上由我負責，將來可以真除（編制為中校），但是團長不肯，為此與團長弄得很不愉快，後來雖然化解了，但是延誤了多年不能晉升中校。少校一階居然有十四年之久。

　　部隊改編後進駐后里營房整訓，實施美制新式教育，先是十七周，再為十三周。我們夜間閱讀翻譯之黃皮書（後勤方面為 FM 101 之 10），沙盤推演，草擬計畫，畫間則實兵演習。團教練實兵演習最為辛苦，每天二十四小時僅能藉機打盹二、三小時，每日兩餐：四時早餐，二十一時晚餐，全身汗臭，汗水已結晶成塩粒，胃病由此罹患。在進駐后里營房時，房舍不夠，團長決定勤務連駐帳蓬。各連接收原駐部隊所移交之帳蓬有好有壞，我派員持通報到各連挑選不漏雨的好帳蓬給勤務連，不好的帳蓬留各連儲物之用。四四○團撥編來之一位連長在團部開會時提出檢討批評，認為帶團長命令即將好帳蓬收繳是不應該的，當我說明原因，團長反問該連長駐人要緊還是儲物要緊？團部幕僚依團長之決心辦事即代

表團長，還收好帳蓬也要團長下命令，團長的命令就太不值錢了！說該連長重物輕人，自私自利，平時如此偏私，作戰時如何能相互援助？大大的訓了一番。

實兵演習由於「戰演比」關係，時間因素太緊迫，前一個作業尚未完成，時間已過，而第二個作業又急著要趕，簡直疲於奔命。某次由團攻擊而團防禦，時間太短，後勤書面命令來不及下達，我靈機一動，將勤務連衛生連全體後勤幹部集合於後方指揮所，宣示本團目前任務、兵力區分、後勤設施位置、師部後勤設施位置及補給後送主要路線與補助路線等，請各幹部分別紀錄與他本身有關者，此一宣示代替書面計畫與命令。各幹部返回規定之位置，豎立代表設施之旗幟。中部防守區司令部美顧問室首席顧問是後勤專長，親來演習區，先到前方指揮所簡單的問團長有關後勤事項，再到後方指揮所問團執行官（副團長、亦即為幕僚長）有關後勤方面較團長稍詳細之事項，然後問我較為詳細，最後請我乘他的吉普車（不讓我單獨乘車行動）到每一設施檢查，詢問各幹部。印證了團長、副團長、我及各後勤幹部所云與實地位置之設施均完全相符、清楚、完整，沒有任何瑕疵。演習完畢開總檢討會時，此首席顧問讚譽七十六團後勤演習為九個團之冠。其實各團之作業、設施均相同，只是其他各團兩個連的後勤幹部不十分瞭解全般狀況，形成高中層與基層脫節而已。例如團防禦那個營在左，那個營在右，那個營是預備隊，主要補給路綫、

補助補給路綫、師部的後勤設施的位置，特別是彈藥軍官辦公室的位置及傷患後送路綫等，我團後勤幹部對答如流，其他各團則一問三不知，或答非所問。

后里基地訓練完畢，部隊調駐彰化北斗營房，實施惡劣天氣作戰演習，其D日即為颱風登陸之日，在強風暴雨中實兵演習，實在辛苦。颱風警報解除了，演習終止。接著是民間車輛動員演習，車動會支援配合，車輛包括各種類型、廠牌。作為部隊機動之用，由於缺乏確切資料，無法配合，例如大小貨車、大小客車，究竟每車容人量及載物量若干，車動會無法提供，只是憑部隊通知需要多少個大隊或中隊的汽車，他們照調。本團不知一個大隊或一個中隊有些甚麼車，無從計畫與編配。在此狀況下這項艱鉅工作便落到我的肩上。我設計了很多表格，協調車動會將各類型汽車各派一輛來團，經過反復試驗、演練，測知一個步兵營、連、排、重兵器連、四二砲連等機動時所需要之汽車之類型、數量，如果包括輜重又是如何等等，建立了一本極有價值而實用的基本資料，供作戰軍官據以擬訂演習計畫，實施車輛動員機動演習。由此奠定了中華民國有史以來第一手車輛動員如何與部隊配合的基本資料模式。此一基本資料油印了很多本，車動會及各部隊紛紛索取，一時形成洛陽紙貴。

三十九年冬至四十一年夏，四三九團在苗栗擔任海防，團部駐通霄，部隊很分散，團長召集連長、連指導

員以上幹部在團部開會的機會很多，會後供應一餐飯，團部經費負擔不起；各營連又經常實施相互觀摩，受觀摩之單位亦須供應一餐飯，同樣的也是負擔不起，在此狀況下我身為補給組組長，義不容辭的要想辦法解決此一實際問題，乃多方苦思焦慮，終於想出兩全其美的辦法：由團部（補給組）印製餐券（具有一人一餐份之主副食品及副食費）分發各連，來團部開會或到本團任何單位觀摩時持此餐券搭伙，供應膳食之單位可以酌情加一個菜，所費不多，卻皆大歡喜。每三個月或六個月由補給組與各連清理一次，換算實物多退少補。我提出此辦法時團政工單位不同意，認為此係有價證券，不可任意印製，我則強調旨在解決實際問題，且僅限在本團以內流通，若不同意，實際問題不能解決，如有比餐券更好的辦法我願接受，他們只會反對而無較高明的辦法，最後還是同意了。此辦法施行後，方便了很多。我與軍需署吳署長嵩慶將軍通信時（規定每月為兩封信）詳細報告此事，署長很欣賞，向我要了樣本，據以參考研究印製糧票發行國軍部隊，凡受訓、住院人員均可攜帶繳交，不必轉扣、轉撥、轉帳，簡化了很多手續。在各種制度創建期間，這也是一個小小的貢獻。

　　民國四十二年十一月奉調五十軍軍部經理組，軍部的長官原期編制調整後特業組首席參謀應為中校編階，我很自然的可以晉升，詎料新編制特業組中惟獨經理組編制組長為中校，首席參謀為少校，極不合理，在體制

上也太偏頗，長官們只注重組長編階，忽略了參謀編階，報請上級僅將組長改為上校，參謀編階因未提報，故仍為少校，我就少校萬年了。四十四年國防部辦理普任，擔任經理工作者任為經理官科，擔任財務工作者任為財務官科。在未分科前，財經是一家。我因為在經理部門，所以任為經理官科，在少校階所受的軍事教育計有：

一、講習會第五期（40.3.15～40.3.29）

二、國防部動員幹部訓練班第八期（42.11.8～42.12.12）

三、陸軍經理學校初級班第三期（45.7.1～45.12.31）

四、陸軍經理學校高級班第七期（47.1.13～47.6.29）

在軍部經理組服務期間，有副組長之實，而無副組長之名，除承辦軍糧補給工作名，幹訓班有關經理裝備補給保養課程由我講授，部隊裝備檢查由我擔任，各師實兵演習，經理部隊由我裁判，軍司令部高司演習乃家常便飯，每次都扮演主要角色，還擔任禮節糾察人。四十七年十一月我與陸軍第一經理品儲備庫第三分庫張焰彬少校對調，命令發布後我與張均不願就任新職，雙方同時申復免調，均未獲准，遂於十二月分別到職。我在第三分庫負責倉儲股業務，綜理股內全般工作之推動，並督導各地倉庫庫儲及運輸作業，由於負責盡職，記功嘉獎甚多，惟基層幹部積弊太深，匡正不易，不法情事防不勝防。服務兩年半猶如做了一場惡夢，至今回憶仍有餘悸。四十九年老團長高任接掌預一師，請我擔任師預財組長（中校編階），徵調公文被經理署積壓了一個多

月，在此一個多月中，經理署未經我同意，報國防部為我辦了退伍，命令業已發布，高師長在台北開會之便拜訪經理署王未之署長，獲知此事，囑我立即由台中趕到台北查明究竟，我先到第一儲備庫問了庫長丘彥，他不知我退伍案，然後到經理署人事室問王克霖主任，據告：因我少校年資已十四年，超過停年四倍（停年四倍應為十二年），依規定應辦退伍。此時我已氣極，質問，我少校十四年非我所願，你們何以不為我調整職缺辦理晉升？若我服務不力，何以頒發忠勤勳章及多種獎章？並揚言誰敢將退伍令發給我，我不惜與他們那些無人性的人事人員同歸於盡，他們見我不好惹，才打圓場願為我向國防部申請註銷退伍案，但恐總部經管室不同意云云。經管室主任是老同事陳家梓，住台北市和平東路成功新村，他每日在圓山辦公，經常到上海路總部開會，來回奔跑，很難見到，我於晚間到他家中，一進門便罵，罵得他滿頭霧水，不知為何挨罵，給我倒茶、拿香煙，請我消氣，坐下來慢慢談，當他瞭解後，慨允由他負責促成退伍案註銷，請我返台中安心上班辦公，一個月以後來信告訴我，業已註銷，並抄了文號。通常此種案件經管室不會同意，經理署那天說願為我申請註銷的用意，是欲將責任推到經管室。然而我的案件，經管室卻同意了，實在出乎預料。經理署收到預一師徵調公文後曾帶口信給我，請我到署去一趟，同事、朋友建議我勿空手去，最少要帶伍仟元，否則白跑。我偏不信邪，師

長徵調我，我還要向經理署人事人員行賄嗎？況且我無錢，即令有錢，也不願如此無恥！因之未去，他們見我無反應，所以依據停年四倍之規定迫害我。迫我五十四年月四調陸總人事署服務後，特別到經理署看看，當年迫害我的那批人事人員都不在了。

承蒙老長官牛少齋先生的推荐，我於民國五十年四月調金門防衛司令部後勤指揮部佔了中校缺，當年即獲晉升（50.1.1 生效）。當時司令官是劉安祺（壽如）二級上將、副司令官是余伯泉、張國英（俊華、陸軍官校十二期砲科）中將、參謀長是于豪章（陸官校十二期）少將，後指部指揮官是王愛華（扶耕、陸軍官校九期騎科）、副指揮官是戚揚（工科）、參謀長是孫積廉（希明、陸軍官校十七期步科）上校，計畫科長謝洲、作業科長李萬章、行政科長劉修德，三位科長都是中校佔上校缺而晉升的。我中校肩章是于參謀長所佩授。我底缺在作業科，人在行政科主辦財務業務並兼辦聯檢工作。

五十一年元月王指揮官晉升少將調任九十三師師長，遺缺由羅漢清（廣東人、陸軍官校十三期）接任。羅到職後各方祝賀之函件甚多，均交我代為擬稿回復，等於兼辦了機要秘書業務，當王師長與羅面商調我到九十三師擔任預財組長時，羅頗有難以割捨之痛苦，但為了我的前途，無可奈何的應允了，可是一定要請我物色人員接替我的工作，我建議由經理組侯平方接替。我於五十一年六月到九十三師預財組擔任組長，組內成員計

有唐子厚少校（預算）、常維華上尉（出納）、段德昌中尉（財務）、崔畿千上士、調用士官、兵各一，後來增加了財務學校專科班畢業之謝瑞賢少尉（財務），連我一共是八人。各人的業務辦的很好，在金門、在台灣北部、南部，經金防部、第一、二軍團業務檢查、評鑑，成績均為優等。

五十三年元月一日王師長調樹林軍副軍長，由張道一少將繼任。副師長先後有馮翊、劉培炎、劉自皓、李大昭、蔡新。參謀長先後有涂少章、宋心濂、盛清瀾。在九十三師預財組長任內受訓兩次：

一、陸軍補給管理學校補給管理班第二十七期
（53.2.17～53.5.10）

二、陸軍經理學校進修班第一期
（53.10.19～54.4.10）

張師長工於心機，五十三年元月一日到職後，於次（二）日晚間在他辦公室和我聊天，說他在第八軍任參謀長時，軍長只是用錢，不問錢從何處來，變據（即不實之發票）報銷都是由預財組辦參謀長批，請我參考、仿照辦理，其意甚明。在我，則有不同的看法和作法，公款一定公用，絕對不可以有不法之行為，所以我未參考、仿照。在嘉義中莊營區朝會後宋參謀長和我在操場邊走邊談，說師長交代我的事何以久久未辦？我問交代了何事？宋說：你知道，我說：我不知道。倆人心裡都明白，但都不願明講，如此你來我往，談了許久，沒有

結果。張師長內心對我很不滿。瞞著我暗中叫常維華送他現金一萬、兩萬多次，沒有借據，累計已有五、六萬元。有一天常向我抱怨，說零用金短缺，週轉不開，我立即追問何以現金短缺？常始將師長要去現金之告訴我，他深恐無憑無據，萬一師長不認帳怎麼辦？我囑他列一張表，越級親送師長過目批個「閱」字，就等於借據，常立即照辦了，並感謝我對他的指導。我由於不能與師長「同流」，處境逐漸惡劣，而在公務方面工作績效雖不落人後，抓不到我的缺點，但不為之重視，我有「白費力氣」之感受，很不是滋味。於此情形下，我以書面報告請求調陸軍總部，此正合師長的意，恨不得我早日離開，以免阻礙他的財路，於是由師呈報陸總，並親向總部有關部門說項。我在陸經校進修班受訓即將畢業時，我調陸總人事署之命令發布了，遺缺由雷廷祚接任。雷組長很聽師長的話，照師長的意思「辦事」。當張師長調任陸總編訓署署長未幾天，九十三師某副師長領頭多人聯名向國防部檢舉張貪墨，國防部將案交由總司令高魁元轉交政戰部主任江國棟，並面告江不要拿雞毛當令箭，須知國家培植將領不易，宜大事化小，小事化無；一方面告訴張有此案情。張立即將其所貪交還收帳。政三監察官前往查畢，按總司令之意簽報說經費未短少，只是預財組之帳務有錯誤，予雷組長記大過兩次，張無任何過錯而結案。很聽師長的話而使師長很滿意的雷組長悶了一肚子氣，有冤無處申，滿腹委屈的退伍了。

我於五十四年四月十二日到陸總人事署到職，主管施政計畫與預算管制運用。署長是翟文炳，副署長有蕭森烈、羅克俊、孫積廉三位，行政室主任是張心泉（鐸、陸軍官校八期）。五十五年六月副官處撤銷編入人事署，編訓署也撤銷，學校教育業務劃歸人事署，部隊訓練及編製業務劃歸作戰署。人事署原任署長翟少將調步訓部副指揮官，遺缺由原副官處處長董文新（四川人）少將接任。我被編入第六組（學校教育），辦公室調整後辦公桌椅剛剛就了定位，尚未開始辦公，因為是日是端午節（國曆六月二十三日）上半天班，中午下班交通車行至內壢自立新村平交道時，被北上第一百次區間火車撞翻，時間是十二時四十八分，造成一死八傷，我的傷勢較嚴重，經同車同仁送往中壢德星醫院急救，晚間轉往台北陸軍八○一總院，各科醫師會診。副總司令李運成上將，政戰部主任江國棟中將等連夜到醫院叮囑院長要盡一切可能救治，由於恥骨斷裂，脊椎骨受傷，皮肉外傷甚多，縫了許多針，危險期四天。第二天各大報紙紛紛刊登此一大車禍之新聞，同事同學同鄉紛紛慰問；眷村傳聞我到院後已不治，推舉代表到醫院安慰我妻要堅強要振作要負責撫育四個子女……。老同事劉惠生等多人到醫院看我時，曾在途中商議先到服務台查詢，看看在太平間還是在病房，結果在病房。在我住院期間，適逢週健考大學、健民考高中、健基考初中，無人陪考，由孩子們自行報考，所幸都未落榜，次第考取了私立中

國文化學院、省立武陵高級中學、桃園縣立文昌初級中學。自我車禍受傷在中壢急救開始、送往台北住院、至回家休養，凡一〇五天，我妻至為辛勞，不眠不休，食不甘味，有「叫天天不應喊地地無門」之慌恐無主、欲哭無淚，不知如何是好的心理壓力。我就是她的天，天塌下來她怎麼承受？不但急劇消瘦，而且近似虛脫狀態。這是刻骨銘心的事實，終生難忘。在危險期中醫師每日數次搔我腳心，皆無反應，第五天有了反應，確定下半身不致癱瘓，醫師向吾妻恭喜、道賀，但我腸子不蠕動，腹脹如鼓，醫師束手無策，建議我妻試以百花油擦揉腹部，擦了一小瓶，開始排氣（放屁），醫師再次恭喜。至此已確定我不致殘廢或不治。傷勢穩定後周孝儒醫師囑我每日忍疼散步，以防肌肉萎縮，我架著兩隻枴杖忍受著疼痛勉力的上下午各散步一次，兩日後忽然發燒，適逢骨科權威鄧述微主任巡視病房，周醫師已將我列為無問題的傷患，於是鄧對我不再過問，即將離去時，妻向鄧陳述我發燒，鄧覺得很奇怪，問我是否下床走動了？誰叫我走動？我為了顧全周醫師的顏面，隱瞞了事實真相，說是在床上躺得久了很難受，起來架著枴杖而散步的，鄧說：你不要命了？乖乖的再躺一週，等醫師叫你下床走動時再下床。當時周醫師在鄧的身後，表情相當的不自在，事後卻很感激我。住院五十天（六月二十三日至八月十一日），回家休養五十五天（八月十二日至十月五日），尚未完全復元，就到署上班。署長董文新、

組長徐光久於我住院期間僅僅官式的到院看過一次，副署長周哲浦對我車禍受傷之事自始至終不僅未予聞問，而且在我上班後處處為難我；而副署長孫積廉、原行政室主任張心泉、士官王明強對我照顧很多，至為感激，永誌不忘。

五十六年七月一日高魁元升任國防部參謀總長，陳大慶（養浩）接任總司令。董文新於五十七年元月十一日下台離署到陸戰會當委員，李彩球少將於五十七年元月十一日接長人事署，聽到很多同仁反映，不滿行政室對預算管理方面之作為，閒言閒語困擾署長，署長在業務會報中決定將預算業務由行政室轉移第一組，原承辦人仍留行政室。第一組組長朱少翔物色人員接替，前人事署諸同仁紛紛建議朱組長調我到第一組接辦此項業務，斯時我正在陪同國防部聯一副處長莊續曾、承辦人徐祖明等多人，訪問各軍事學校有關充實教育設施事項，歷時一個多月，公差回來見到命令，到第一組報到，於五十七年三月二十五日接管行政室趙明魁、陳榮樹倆人移交來之預算業務，而第六組之業務尚無人接替，我兼理了一個月。關於充實陸軍各學校設施之作業，我整理了兩大冊，區分優先順序，條理分明，呈報國防部被譽為三軍之冠，獲得很多支援，對各校設施改善不少。由於我對各校實際狀況有了深入的瞭解，接辦預算業務在教育經費方面下了一番功夫，作了合法、合情、合理的調整。以往總司令主持校長座談會，各校長所提問題

中以經費問題最多，署長難以招架，自我整頓後校長座談會中沒有經費問題了，不但本署署長高興，連主計署也感到舒服。對署內預算之管制運用，在不違法之原則下儘量給同仁方便，因而在同仁之間建立了信用、友誼和深厚的情感。五十八年主計署有意調我佔上校職缺，李署長不點頭，朱組長此時已是副署長，向署長建議若不同意過調，即應給我佔缺晉升，遂於五十九年元月一日晉升上校，由李署長授階。是年六月長子大學畢業，服十九期預備軍官役，役期一年（二十期起即為兩年），並考取了學科教官，分發陸軍第一士官學校任教。

　　陸總部委託國立政治大學公共行政及企業管理教育中心辦理陸軍現代管理講習四期，每期六個半天（二十四個小時），每期一三〇餘人，其對象為總部及各一級單位主要校級人員（大部分為上校），我參加了第二期（60.3.22—60.3.27），對現代管理概念有了新的認識，運用於日常工作，甚有助益。六十一年元月十八日李署長調總統府第二局副局長（中將編階），遺缺由副署長徐樹旺少將升任。六十一年五月二十四、二十五日總部由台北市林森南路（原上海路）遷桃園縣龍潭鄉大漢營。

　　五十二年夏全家由台中市練武路二巷六十二號遷居陸總部核定配住位於桃園內壢自立新村三六四號乙種眷舍，將台中市之住宅出售，預作孩子們讀書之用。是年暑期長子、次子考取了省立武陵中學高、初中部，三子讀內壢中正國小（後轉內壢國小及自立國小），健玲讀

中正國小一年級。眷村乙種眷舍兩房一廳，連廚房共計
只有十坪多一點，空間太小，鄰居說話可以聽見，毫無
隱私；孩子們漸漸長大了，而且有男孩女孩，六口之家
居住非常不便，且無衛生間，使用公廁，很不衛生也不
方便。五十九年冬將後院空地加蓋兩層樓房（含衛生
間），由於承包商無信用，費心、費事、費口舌，投注了
不少心血，拖了約半年多時間，換了包商，於六十年夏
始告竣工，竣工後不久，妻患急性肺炎，住台北陸軍八
〇一總醫院，長子於第一士校行將退伍之前數日患急性
肝炎，由我送往桃園陸軍八一二醫院。母子倆人同時住
院，我每日早上先到桃園陸軍八一二醫院，再到總部辦
公室，然後到八〇一總院。下午下班後再到桃園看長子，
然後回家。每天疲於奔命，公私交迫。家務瑣事則由健
玲擔綱。

　　我在人事署第一組掌管施政計畫編製及預算管制
運用業務，總部每年公布成績，人事署年年均為優等，
署長、副署長、組長、副組長都連年獲得記功或嘉獎，
我則獲記大功或小功。六十二年署長曾獲記大功，十分
高興。長官、同仁對我無不器重和尊崇。主計署、總務
處對人事署有關預算、經費方面都十分支持，對署內全
般業務之推動有很大的幫助。同時也形成了良性的循
環。此數年間是我軍職生涯中最順暢的一段。署長曾安
排提拔我擔任行政室主任或副主任，因故未能成功，後
又請主計署為我安排特業署主計組副組長，因我已年過

五十，談不上發展潛力，遂又告吹。當時有「夕陽無限
好，只是近黃昏」之感觸，只求能平安退伍或轉任公職—
文官。

柒、外職停役轉公務員

　　陸總人事署同事也是好友蕭濂清、王經文，分別於六十二年元月及六十三年八月到行政院國軍退除役官輔導委員會第三處工作，對我轉任公務員之事念念不忘。六十四年四月輔導會第一處服務科出了一個專員職缺，人事處準備在候缺人員中選派，第一處處長王雨生先生主張自行物色，並開出應具備之條件，他倆請六十年十月到輔導會第三處先當綜合專員後當職介科科長之王克之向王處長推荐，經約談後，於六十四年七月一日以外職停役方式到輔導會第一處服務科工作，至七十六年四月一日限齡（六十五歲）退休，公職年資計十一年九個月。退休後第一處處長馬長松先生情商留我三個月臂助公務，和張選贊副處長面對面坐了三個月。

　　在輔導會工作期間，前半段（約四年餘）承辦榮民家庭副業生產輔導；發展榮民計程車業服務；發展軍榮眷手工藝品加工；籌劃如何幫助有眷無舍榮民解決住的問題；榮民租用公有土地建築住宅予以減租優待；發展台北、台中榮民總醫院病患陪伴服務等業務。並接受很多臨時交辦工作，諸如「請促成整建軍眷眷村構想案」

之草擬；輔導會議有關榮民服務照顧工作報告之草擬；輔導工作檢討會第一處工作報告之草擬；擔任年終業務評鑑，先後評鑑過農、漁、榮家、醫院、服務機構；經常奉派到部分服務機構出席指導聯絡員座談會；奉派參加外介就業人員訪問座談及散居榮民懇談等等。六十八年舉辦公文製作評比，第一階段是處際，我為第一處第一名，獲獎金新台幣五〇〇元；第二階段是會際，各處室之前三名參加，我為第二名，獲獎金新台幣一六〇〇元。參加評比之公文稿為修訂「家庭副業生產輔導作業要點」，評審委員涂允銳先生面告：此一作業構想新穎平實易行，文字簡明扼要，以內容論應為第一名，惟因我以行、草書寫，較為潦草，故列為第二名。

有關國軍眷村改建構想案之緣起，是六十五年年終蔣院長經國先生巡視各部會，到輔導會巡視時，處長以上人員參加座談，第一處王處長口頭提出建議請改建國軍老舊眷村，以改善居住環境。經國先生非常重視此一建設性的意見，當即囑請在坐的徐副院長慶鐘先生負責協調推動。徐副院長為了深入瞭解，數日後通知輔導會主任委員趙聚鈺先生提出簡報，此一簡報王處長指定由我主辦。我在眷村居住已有十幾年，對眷村一般狀況較為瞭解，但對全般狀況尚須蒐集資料，遂與科長包海山先生到國防部眷管處接洽取得眷村眷戶人口地坪資料，據以草擬。所持的理由如以下各項：

國軍現有眷村房屋多數因興建時間已久，且較簡陋，

今已極為破舊，安全堪虞，在人口不斷增加，子女陸續成長，房舍不敷居住之情形下，紛紛自行增建、擴建，不但阻塞巷道空地，有礙觀瞻，消防更為可慮，且空間狹小，環境衛生欠佳，有礙身心健康，而住戶私相轉讓、出租等情事亦不易防止，管理至感困難；政府每年又必須支付龐大修繕費用，而相對減少巨額房屋稅及地價稅收入，尤以土地不能作充分有效利用，對國家財政收益亦屬損失。

部份有眷人員於服行現役時，未能獲配眷舍，部份人員於退役後結婚生育子女，對住的問題均感困難。近年來建議整建眷村藉以解決尚無住宅人員安居之意見甚多。同時政府為解決一般國民之住宅問題，正大力輔導興建國宅，其最大困難，除經費外，則為建築用地無法解決，而眷村佔地之廣，實為興建國宅之最大土地來源，預計可建七十五萬餘戶，足夠國宅土地之需。尤其近年來工商業發達，市區眷村四週，均紛紛興建大廈，同一地區，兩個世界，進步與落後，莊麗與破蔽，形成強烈對比。此一現象之形成，不獨造成社會人士對軍人生活之錯誤觀感與影響社會青年軍報國之志趣，尤對居住眷村之現（退）役官兵及子女心理產生反常自卑，甚或發生不良事件，故眷村不良青少年問題之產生乃受居住環境未能改善，為主要原因之一。是以眷村之改建，實為當務之急。

現有眷村總數計八二六村。眷村總戶數計一一萬三、

七八三戶。（現役——三萬三、〇〇一戶，眷口一〇萬七、〇八二口，佔百分之三〇，退役——八萬七七八二戶，眷口二三萬五、三〇八口，佔百分之七〇），房屋總建坪計四〇三萬八、三八二坪，土地總坪數計八〇七萬四、九六八坪。

改建完成後住戶有房、地所有權，每年政府可以收入龐大房、地稅收。住戶有了產權，政府增加了稅收，市容美觀了，居住環境改善了，家家享受現代化生活，住戶與政府兩受其惠。

趙主委率王處長於六十六年二月十四日到行政院向徐副院長簡報，並通知國防部、行政院人事行政局、財政部、國有財產局等有關機關參加。簡報後經徐副院長簽請院長核定由國防部與地方政府合作試辦，試辦完畢，眷村也就改建完畢，可以不必修改國有財產法、土地法等有關法律。改建完成後軍方與地方政府各分一半，地方政府以「國宅」出售，軍方除配給原住戶外，多餘者由有眷無舍之現役人員價購。此案確定後凡參選民意代表之候選人，紛紛以各種方式、管道索取這項資料，作為政見，爭取眷村選票，因而曾形成一時洛陽紙貴般的狀況。後來參加有關單位之協調會不知多少次，及至欣見各地區眷村次第改建成高樓大廈，巍峨壯觀，頗有一些成就感。

我經手發展新的業務，已創辦完成者計有：

一、榮民計程車業服務：由台北市榮民服務處設置「榮

民計程業服務中心」（初為合作社後改為中心）並在台北市、台北縣、桃園、新竹、台中、台南、高雄設七個分中心。

二、軍榮眷手工藝品加工：由台北市榮民服務處先在板橋、新竹設兩個加工站試辦，半年後檢討得失再行決定是否續辦或擴辦。在試辦期間，國防部總政治作戰部主任王昇（化行）上將對此很有興趣，眷管處承辦人胡珍上校向我協調後，由總政戰部副主任（執行官）廖祖述中將率領眷管處有關人員到輔導會向趙主委簡報，願與輔導會合作辦理加工，趙主委同意合作辦理，並將榮眷加工改為軍榮眷……。先後在台北市、台中市、台南市、高雄市、高雄縣、屏東縣、宜蘭縣、台北縣等地區設置了十三個加工站，連同原試辦之兩個站，共為十五個站。

三、病患陪伴服務：由台北市、台中市榮民服務處分別設置病患陪伴服務中心，為台北、台中榮民總醫院病患服務，以補助護理人力之不足。

以上三項業務，開拓了榮民（眷）及子女就業機會。開辦之初曾受到許多杯葛，概略情形如后：

（一）、民間計程車行每月收取行費較高（一千五百元至一千八百元），而且業者之汽車被登記為車行之財產，車行如倒閉，業者之生財器具—汽車即被查封拍賣，業者之產權毫無保障。輔導會所設之服務中心（分中心）每月僅收新台幣

四百元之服務費，提供多項服務，另外每車攤繳二千元之相互聯保費基金，專戶定存金融機構，以利息支付交通事故所需之賠償金，半年結算一次，如利息不足以支應，而動用了基金，則每車平均補足基金之差額。榮民計程車業者之產權屬業者自有，產權有了保障。兩相比較後紛紛願意脫行而參加榮民分中心，因此，民間計程車行（尤其由退伍人員經營者）覺得有割肉之痛，聯名陳情、請願、並阻撓業者轉出，鬧得滿城風雨。

(二)各軍眷村很早就有人承包加工，將工件分給村內眷屬拿回家做，論件計酬，在廠商所給的工資中抽取百分之三、四十不等，中間剝削太大，眷屬們終日辛勞，所得微薄；輔導會所設的加工站，完全是服務性質，廠商所給的工資如數轉發，消除了中間剝削。由於眷屬們紛紛加入加工站之行列，原承包加工者之工件無人願做，因之百般阻撓、中傷、造謠、陳情、請願、聯合廠商倉庫發貨管理人員刁難加工站，使加工站不能生存。

(三)榮民總醫院病患陪伴服務，前由數家民間服務社與院方訂約承攬此項服務，因彼此搶生意而經常發生糾紛，院方及輔導會均不勝其煩，決定期滿不再續約，由台北、台中兩榮民服務處

　　招募榮眷承擔此項服務，民間服務社到處陳
情、請願、造謠、滋擾、製造事端，無所不用
其極的打擊、困擾輔導會及台北市榮民服務處。
　　前述三項業務，均被醜化為與民爭利。處理此類
陳情、請願、造謠、滋事案件，費了不少精神心力和時
間。輔導會發展此三項事業，其宗旨是開拓榮民（眷）
就業機會，增加收益，改善生活。均為自給自足單位，
未使用政府預算，堂堂正正，雖然受到許多困擾，但終
於次第創辦成功。
　　關於籌劃解決有眷無舍榮民住的問題，曾以各種
管道與有關機關協商，希望由輔導會比照國民住宅方式
自行興建住宅供榮民價購，並辦低利貸款，進三了兩三
年，因國民住宅條例規定，國宅主管機關在中央為內政
部，在地方為各縣、市政府，輔導會非國宅主管機關，
依法不能建屋出售，若貿然興建，土地取得及銀行貸款
均不能獲得優待，所建住宅之成本將高於一般國宅，必
然無人願購。此種出力不討好甚至還會被責罵之事，當
然不可以做。各地區各種座談會、輔導會議等，都有人
建議請輔導會解決住的問題，先後提出口頭、書面說明
不知有多少次。
　　出席指導部分服務機構聯絡員座談會，聯絡員們
深感多年來對榮民服務工作應該做些甚麼，如何做，既
乏規範又無依據，紛紛建議請輔導會編印手冊之類資料
分發使用。此項意見甚多，我每次都轉告了主管服務機

構業務之承辦人，請其重視此一問題，各服務機構同時也有書面建議，均核復「錄案辦理」或「錄案研究」，一拖數年，未採取任何行動，聯絡員們深表不滿。

輔導有眷自謀生活榮民家庭副業生產業務，原有之作業規定過於陳腐、含混，且未建立基本資料，每年由會計處統計分析向主委提報。此項業務第一處是主辦單位，會計處是協辦單位，由於第一處無基本資料，無法統計分析，而由會計處越俎代庖。我接辦後覺得不可思議，於是先設計建立基本資料（卡片），澈底清理登記六個年度（五十九至六十四）貸款戶之資料，並予統計分析，完成作業後發覺會計處所作的統計分析不正確，他們有感臉上無光，自此不再統計分析了，所有數據均以第一處所提者為準。然後到各服務機構及貸款戶（尤其偏遠地區者及部分信守欠佳者）督導、訪問，深入瞭解各機構承辦人作業能力及各貸款戶經營實況，並蒐集意見，發掘問題。依據所見研究修訂作業要點（含各種附件），每個年度公布各機構作業優缺點，促其改進，經此整頓後，各機構大有進步，各貸款戶也覺得較前方便了許多。

擔任年終業務評鑑，附帶的任務是發掘較為優秀的輔導幹部，我所發掘提報被列為優秀人員表揚而調升者計有任學時、李彥元、謝守敬等十多人，這是我感到最愉快的事。

後半段可以區分為兩個階段：第一階段是六十九

年二月至七十四年三月；第二階段是七十四年四月至七十六年三月底。

　　第一階段奉命承辦對服務機構工作之協調策劃督導業務，責任較重，工作艱鉅，業務繁忙，勞心勞力，對內案牘勞形，對外疲於奔波。為期大力改進，首先深入瞭解各服務機構人員能力及硬體設施，然後分年分月逐步改善加強，以強化服務功能，提昇服務品質。除辦理平日經常性業務外，在改革方面其犖犖大者有以下諸端：

一、逐年爭取充實各服務機構經費：我接辦時，年度經費僅僅六百餘萬元，數年後已高達三千餘萬元，雖尚未達到理想目標，但已改善甚多。例如聯絡員座談會便餐費，我接辦時每人為八〇元，接辦後逐年增加為一〇〇元、一五〇元、二〇〇元，最後加到二五〇元；贈送聯絡員紀念品原為每人三〇〇元，接辦後逐年調整，最後增加到六〇〇元。雜支費、作業費都有很合理的提高。自七十年春節起每年春節慰問義務聯絡員，每人致贈主委慰問函一件，慰問金新台幣一〇〇〇元，酬庸慰勉一年來之辛勞。

二、編訂聯絡員服務手冊，印發人手一冊，使義務聯絡員對榮民服務有了準繩。

三、設計聯絡員證，統一印製分發各服務機構，並為每一服務機構製發「聯絡員證專用」鋼印一具，授權各服務機構每年填發，事後列冊報備即可。聯絡員

憑證對外洽事，可以證明其身分，不但方便，而且效果大增，為榮民爭回了不少福利。

四、研訂各服務機構作業規定，印製函發，各服務機構依據規定作業，有了準據，尤其新進首長及職員，仔細閱讀作業規定，即可明瞭全部業務，不致發生誤差。

五、登記管制各服務機構聯絡員座談會，每年務必舉行一次，以期溝通觀念、交換工作經驗、檢討工作得失、研究如何作好服務工作等，並親往指導、慰勉、鼓勵，藉以發掘實際問題及轉達輔導會的政策與各項新的措施，促進瞭解、加強團結和諧、發揮多元性的力量。此項座談會在不斷的革新改進以來，其效果一年比一年進步。聯絡員對榮民的服務成效大增。

六、督促各服務機構澈底清理指導委員暨委員，新聘或改聘，建立名冊辦理異動，人員陣容永保新實。規定每年舉行座談一次，加強聯繫，增進瞭解，發揮整體力量，周全照顧退除役官兵。此項座談會所需經費充分撥發。

七、發展由各生產事業機構支援各服務機構公務汽車（包括司機、油料、保養費用等），使每一機構都有一輛小客車，並建立基本資料管制之。

八、發展駐處、中心聯絡員，每月酌發車馬費，由各服務機構遴選支領退休俸軍官報輔導會核聘，聘期一

年，期滿得續聘，以彌補各機構人手不足之窘境。初為二十五人，數年後增加到一百餘人，並列冊登記管制。

九、研究修訂各聯絡中心組織規程及增加編制員額，按榮民人數分為甲、乙、丙、丁四種編制，三萬人以上者為甲種，職員一八人，工級四人；二萬人以上不足三萬人者為乙種，職員一六人，工級三人；一萬人以上不足二萬人者為丙種，職員一三人，工級三人；一萬人以下者為丁種，職員一一人，工級二人。共計增加編制員額九七人。其程序、過程甚為繁複，會內協調、開會多次，與人事處編制科科長黃純夫到行政院人事行政局及行政院第三組協調、說明、爭取，人事行政局第二處處長徐樹旺先生對本案全力支持，院長孫運璿先生毫無異議的核定，為本案最重要的關鍵。

此案起因是：六十九年度年終業務評鑑，我發現各聯絡中心現行編制主任為簡任，副主任、總幹事、專員均為荐任一級，幹事為委任一級，由於荐一與委一之間無低於荐一、高於委一，及委一與雇員之間無低於委一高於雇員之適當編階及職務，致形成升遷管道不通，久任雇員者不能升幹事，久任幹事者不能升任專員，對低階優秀人員情緒頗有影響。為提升士氣，曾建議研究修訂。然而人事處主管編制部門置若罔聞，七十年度年終業務評鑑後再次提

出建議，並經多次協調，亦告無功。不得已，乃自
己著手研擬方案，不但員額增加，而且有合理之編
階，副主任提高為簡任，增列荐任五級輔導員、委
任五級幹事及委任三級辦事員等。奉核定發布後，
副主任一職原編階為荐一時，人人興趣缺缺，提高
為簡任後人人爭取擔任新職。雇員、幹事皆大歡喜，
士氣提高不少，尤其優秀者，總算有了出頭之日的
感覺。

十、各聯絡中心辦公桌椅、公文櫃、打字機，多為其他
機構所捐贈之舊品，由於使用年久，破敗不堪，各
中心又無能力更新，見此狀況內心至為難過。不能
利其器，怎能善其事？於是在萬般困難的情形下設
法爭取經費，逐年更新及添購各中心辦公桌椅、公
文鐵櫃、打字機、電動油印機、影印機、飲水機、
機車、會議桌椅及整修、油漆保養辦公房舍等，各
中心顯出一種新氣象。

十一、新建房舍者計有桃園縣、台東縣、高雄市、苗栗
縣、台北市、台南縣等六個服務機構。

十二、有感輔導會統計處及各服務機構所建榮民資料（卡
片）過於陳舊，多與實際狀況不符，並且尚有未建
資料者，或遷居、死亡、行政區劃改變、家境變動
等等，在資料上均無記載。七十一年我主動簽報希
望以半年時間由各服務機構作地毯式的澈底清查訪
問一次，事先設計好問卷式表格，將需要知道的事

項一一印入，訪查人員只要在適當的項目前打勾即可，然後彙送統計處輸入電腦，求出正確數據，各處室依此數據，提出解決辦法或計畫，需要報請行政院支援者據以陳報，將預見之各項問題先期主動計畫解決。此案約需誤餐、交通、茶水、作業費一千五、六百萬元，當時擔任秘書長之張家俊不同意此一作為，認為無此必要。我不得已而且不甘心，大膽的請桃園縣聯絡中心試辦了八個鄉鎮，成效甚佳，也提出了具體數據，簽請全面辦理，仍然被張家俊所封殺。五年後榮民的各項問題都出來了，衍生自力救濟、陳情、請願、走上街頭，而所使用的費用龐大的驚人，而其效果則無。一直到七十七年，此一基礎工作仍然未做。深感做官者多，做事者少！

十三、以各種方法深入瞭解各服務機構日常工作情形及人員學能品德、內部是否團結和諧，下了幾年功夫，對每一機構狀況已瞭如指掌。

十四、研訂各服務機構年終業務評鑑計畫及評分標準，頒布自六十九年度起實施。

十五、部分服務機構租用民房辦公，租期長短不等，有的用押金無租金，有的有押金也有月租金，有的僅有月租。高雄縣聯絡中心向高雄縣政府租用原地政事務所廢棄之舊房舍，每月租金新台幣一元（象徵性），經我實地勘察先後撥款一百餘萬元整修使用。這些案件均較為繁複，尤其辦理產權抵押之法律程

序與手續，均不可稍有疏漏。為了化繁為簡，我曾建立了登記冊，予以管制。

十六、各聯絡中心員工除了政府規定的待遇外，沒有任何福利，我曾為他們設法爭取，由於格於規定，未能達到目的，但先後為他們全體員工每人做了兩套夏季服裝。

第二階段：奉命擔任服務科（七十七年改為第一科）科長兩年。科內成員有專員劉凱白、湯英峰、錢東海、岳明舉、王華治，荐任科員趙星聯、張瑞成（後來調台北榮民總醫院輔導室輔導員）、易文明，委任科員郭國生、李瑞雲等。主管業務計有：

一、各服務機構（榮民服務處及各聯絡中心）業務之策劃與督導事項。

二、各聯絡中心指導委員暨委員核聘事項。

三、各服務機構義務聯絡員核聘及座談會之指導事項。

四、各服務機構年度經費分配事項。

五、關於地方政府及民間團體社會福利之爭取與協調事項。

六、各服務機構駐處／中心聯絡員核聘事項。

七、各聯絡中心公務汽車、機車等交通工具爭取配置事項。

八、松柏新村（退除役將官單身宿舍）及各服務機構單身榮民宿舍業務策劃與督導事項。

九、外介轉業人員訪問座談事項。

十、軍榮眷手工藝品加工業務策劃與督導事項。

十一、退除役官兵租用公地建宅減租優待業務之洽辦指導事項。

十二、退除役官兵日用必需品平價供應業務協調聯繫事項。

十三、退除役官兵一般問題解答與處理事項。

十四、有眷無業自謀生活退除役官兵家庭副業生產貸款之策劃簽核發布與督導事項。

十五、自謀生活清寒人員三節慰問及除役將級人員春節慰問。

十六、退除役官兵奠儀之核發。

十七、颱風、水災、火災、震災等之救助。

十八、退除役官兵急難救助業務策劃與處理。

十九、各機構立即處理業務之督導。

二十、退除役官兵從事計程車業者服務照顧業務策劃事宜。

二十一、單身自謀生活退除役官兵死亡喪葬費之核發及有關喪葬費之解答與處理。

二十二、仁愛專案之解答與處理。

二十三、育幼機構業務策劃與督導事項。

二十四、遺眷、遺孤及住院病患眷屬之照顧。

二十五、各榮民總醫院病患陪伴服務業務策劃督導事項。

二十六、清寒退除役官兵子女獎學金之策劃與核發。

二十七、就醫、就養人員子女及遺孤在學助學金之策劃

與核發。

二十八、育幼（含殘障）案件簽核及發布。

二十九、各服務機構辦公房舍及單身榮民宿舍興建所需
　　　　預算策劃爭取核配事項。

三十、各服務機構辦公用具更新、添置及房舍維護保養
　　　事項。

三十一、每年各地區退除役官兵懇談會之策劃實施與檢
　　　　討。

三十二、各服務機構首長年終考績意見之提供。

　　　其他尚有諸多臨時交辦的工作不在前述業務之內。

　　　我任軍職公職期間的理念是：無論職位大小，應該
確實負起責任，該誰的事誰就要負責作好。以此要求自
己也要求部屬。升任科長後責任加重了，工作更為繁忙，
各種會議佔去不少時間，每日核轉公文稿件平均有五十
餘件，對外疲於奔波，對內已達案牘勞形，重要方案、
構想尚須利用星期假日靜靜的思考、研擬。值得一提的
幾件事分列於后：

一、接替我原先所辦業務的是岳明舉專員，學識、能力、
　　品德、幹勁都是一流的，為了幫助他迅速進入狀況，
　　深入瞭解基層，各服務機構聯絡員座談會由我陪同
　　出席指導，歷時一個年度。

二、育幼是一項很重要的業務，實際問題很多，為了增
　　進瞭解，曾訪問了部分育幼機構：

　　（一）我與承辦人張瑞成訪問會屬台東慈母育幼

院，和教職員舉行座談，發掘實際問題，枝枝節節的小問題當場立即說明、答復，較重大而有建設性者有兩項：

1. 該院除了額定經常費用有統一規定照規定支用外，另有國內、國際人士及榮民捐贈的錢計數百萬元，存入銀行生息，如何支用，支用的範圍、額度等等數十年來未曾規定，每於要使用時以公文向輔導會請示，往往討價還價，或者某人說了算數，院方及輔導會均感不便。

2. 由於該院係任務編組，院長由太平榮家主任兼任，其餘教保人員均為約僱，不能納編為正式公職，影響前途及福利，感到不公平，咸望能設法解決。

此兩項問題立即寫成書面資料由處長在業務會報中向主委提報，並另簽辦提出解決意見，前者以其每年定存總額百分之二十另加全年的孳息，於年度開始前兩個月提出年度使用計畫，規定列支之內容必須使用於學童身上，不准作行政開支，報由輔導會核定後全年即據以執行，不必零星請示。從此建立了制度，上下皆方便省事。後者因涉及組織規程及編制，有關單位不同意致未能解決。

（二）我們由台東轉往花蓮，花蓮聯絡中心副主任方克恭、承辦人臧發和陪同訪問了花蓮禪光

寺附設的禪光育幼院，得知禪光寺係創建長春寺之老和尚所建，老和尚為紀念開闢橫貫公路殉職的榮民，在長春橋設捐獻箱，以所得之款建長春寺，又慮及榮民亡故所遺子女乏人教養，遂在禪光寺內附設育幼院，其育幼工作之負責人林女士（四十歲、未出家）之母親為禪光寺之住持。院內工作人員十一人，院童稱她們阿姨或老師。我們訪問之當天院內院童有一○二人，其中榮民子女三十八人，由嬰兒到高中都有。三層樓建築，一樓教室，二樓寢室，三樓禮堂及香客住宿的房間，沒有甚麼設備，寢室髒亂，且有尿騷味（有院童尿床），沒有管理制度和方法，經費完全依賴信徒及善心人士捐贈，每一院童每月按新台幣二千元支用，老師待遇每人每月八千元，非常艱苦。本來院內伙食是素食，曾有專家覺得孩童正在成長發育期，應該注重營養均衡，因之到附近國小、國中、高中就讀的學童飯盒中有葷菜，是較為特殊的。我們將所見實際狀況撰成書面資料由處長在每週四下午舉行的業務會報中向主委提報，並另專案簽請核准給該院補助新台幣壹拾萬元，撥由花蓮聯絡中心兼主任涂少章轉致該院，使聯絡中心協助送養榮民遺孤更為方便

順利。

（三）七十四年八月與張瑞成陪同處長訪問了私立
　　義光育幼院及私立佳昇仁愛之家。義光董事
　　長胡李世美、代院長熊月如、副院長梁炳濤
　　等對我們熱心接待並作簡報，參觀全院設施
　　及院童起居活動等，他們提出兩個問題：其
　　一、有一位院童（榮民子女）即將國中畢業，
　　希望能就讀會屬高工實驗班；其二、有一位
　　榮民自費送養小孩，積欠費用三萬餘元，從
　　未到院看望孩子。請協助解決。佳昇的問題
　　是院童中有十位榮民自費送養，都積欠費
　　用，請能清理、追究榮民。在兩處育幼機構
　　看到所收育之部分智殘兒童，令心心酸，房
　　間內臭氣沖鼻，每一智殘院童都有一幅怪樣
　　子，若無愛心耐心是無法照顧這些不幸的兒
　　童。尚有剛剛收養之棄嬰，不離奶瓶尿布；
　　有心臟病嬰，必須醫療等等。不實地去看，
　　根本就不瞭解。兩機構所提出的問題，我們
　　積極逐步的為其解決了。

（四）洽由公私立育幼機構十七所，函請收育榮民
　　子女正常及智殘兒童有六百餘人，這些機構
　　分布於台灣省各縣市及台北、高雄兩直轄
　　市，其中中壢私立景仁殘障兒童教養院收養
　　榮民殘障兒童七十餘人，該院增建房舍，簽

准補助新台幣七十萬元。

（五）七十六年度外介就業人員訪問座談於七十五年九月二十六日在嘉義聯絡中心座談時，昇平國中教師鄒鈞發言：說他們學校教師楊郁文之子楊紹生白癡，前曾申請送景仁，不得要領而未果，現楊老師患癌症住榮總台中分院，可能有生命危險，楊太太無法照顧其子，請能解決。我立即與鄒鈞先生面談，深入瞭解狀況並加以說明，請聯絡中心陳報到會，七十五年十月十三日簽辦，十月十八日函核定送景仁，解決了楊家最困難的問題。他們為了感謝我，上書主委於七十五年十二月二十二日發布給我記功一次。其實，為榮民解決了困難，內心至為快慰，覺得其分量比記功還重。

（六）籌款預撥各育幼機構全年經費，每月向會函送支用、結存表，附送當月名冊即可，亦即先撥款，按月結報，使其週轉靈活。此舉對開拓送育管道非常有利。我退休後聽說不再預撥了。

三、七十四年度業務評鑑，對服務機構之評鑑係我服務科主辦，第一處服務、管理兩科及人事、會計處各派一人擔任評鑑組組員，處長是評鑑組組長，我是副組長，處長公務較忙抽不出時間，由我代理率領

全組到各服務機構評鑑，分四個梯次實施，每梯次以一週為限，回到辦公室辦公一週再出發，如此內外皆可兼顧。評鑑完畢計算得分，評比名次，撰寫報告書（一冊），由岳專員主辦，我從旁指導。前三名由主委在動員月會中頒獎。各服務機構非常重視評鑑成績名次，我們依據際績效評鑑，優缺點均有具體事實，沒有人情包袱，也無任何壓力，所以較為客觀公正。

四、七十五年八月二十二日韋恩颱風過境，台灣中南部及澎湖地區災害較嚴重，對受災害榮民及榮民遺眷之救助我與科內同仁分別以電話通知各有關聯絡中心主任，立即展開調查訪問救助，按規定標準送發救助金，並立即預撥各中心經費，強調務必要送到受害人之家中，不可囑其到中心領取。因為及時親自送到榮民或遺眷手中，少數的錢可以發揮較大的作用，具有多重意義。各中心都照辦了。反觀地方政府對民眾之救助，由於手續繁複，流程又慢，一拖三、四個月或半年領不到錢，拖得久了效用便一落千丈。這件事各中心都能大力配合執行，受惠榮民、遺眷紛紛表示感謝輔導會。我咸認照顧榮民、團結榮民，就是要從這些地方著手和著力，一點一滴的去作，時日一久必有預期效果。

五、輔導會為增進幹部之學能，溝通觀念，建立共識，在板橋專業人員教育中心設幹部訓練班，召訓會屬

各機構各類型幹部。服務機構之幹部共召訓了三期，每期一週五十人，每期兩節「服務工作實務」課由我講授，我準備了很多實務資料，強調服務觀念、態度、語氣、聲調，儘量使榮民覺得有親切感，有溫暖感，由實務資料中舉出許多例證，大家聽得津津有味。我每節講四十分鐘，留十分鐘讓大家發問，提出問題，由我當場解答，大家感覺時數太少，還未聽夠和問夠，盼能增加時數，因涉及整體課程時數之安排，主辦者無能為力。每期結束之前舉行實務座談會，由第一處處長主持，我們三位科長陪同，解答所提問題。我對服務機構投注了全部心力，各機構的人和事、房舍、設備、存在的問題等等，有深刻的瞭解，所提的問題，都能清楚明白懇切的說明、答復，從頭到尾沒有難到我的問題出現。

捌、功過獎懲

　　軍職文職共計四十八年一個月，有功也有過，功的部分詳列於後，而過錯有兩次：第一次是民國四十年在四三九團補給組長任內，組裡財務人員必須按時發給部隊經費而向銀行（國庫）提款，出納及我都在支票上蓋了印鑑章，適團長公出，當天回不來，需款又孔急，於是出納就商請銀行先行提款，團長之印鑑章事後補蓋，由於與銀行承辦人很熟，彼此都有信用，遂支付了現金如期發給部隊。事後請團長蓋章時，團長大發脾氣，責備補給組不守法，給我記小過一次。第二次是民國四十九年在陸軍第一經理品儲備庫第三分庫服務時，台中糧秣供應點盜賣黃豆案，被囚禁多人，儲備庫認為我對下督導欠週，申誡一次。是我這一生僅有的兩次不好的紀錄。

　　獎勵部分：

事　由	種　類	日　期	文　號	備　考
四十年定期考試成績最優	獎一	41.05.07	忠字 035 號	係 50 軍軍部測試全軍幹部學科
兼任榮譽團結委員會幹事工作努力頗著勞績	獎一	44.06.20	星約 78 號	
對長城充員案主、副食品補給策劃頗著勞績	獎一	44.11.07	星約 109 號令	
高司演習期間負責盡職工作努力勞績可嘉	獎一	45.05.01	再三 015 號令	
兼任榮譽團結委員會幹事期間工作努力	獎一	45.07.13	再三 021 號令	
服務公勤熱心努力成績卓著內務整潔足資楷模	獎一	45.12.19	亞亨 0882 號令	陸軍經理學校受訓
南陽演習擔任裁判官工作努力協調密切辛勞備至	獎一	46.04.29	性悅 011 號令	
服務勤奮考績及年資合於給獎標準	三星寶星獎章	47.07.20	(47) 人令 (勤) 二三九號令	
仝　上	四星寶星獎章	48.09.03	(48) 寶四字四〇四六九六號	
彰化屯糧庫七、廿七火警搶救及善後處理負責盡職	功一	48.09.30	(48) 人令 (勤) 字〇三一號	
八七水災督導搶救軍品任勞任怨	功二	48.11.04	(48) 人令 (勤) 字 0 三三號	
正風演習工作努力成績優良	獎一	49.03.16	(49) 人令 (勤) 字〇〇七號	
擔任值星官對庫區警衛及巡邏認真負責盡職	獎一	49.03.16	(49) 人令 (勤) 字〇〇八號	
接收手工具督導有方順利完成補給	獎一	49.05.28	(49) 人令 (勤) 字〇〇二號	

服務勤奮考績及年資合於給獎標準	五星寶星獎章	49.09.03	(49)寶五字五一一三六〇號	
年來庫儲設施有極大進步功不可沒	獎一	49.11.20	(49)人令(勤)字〇〇三號	
忠誠勤敏卓著勳勞	忠勤勳章一座	49.12.31	(49)祺禩字二五一五四號	
擔任集訓隊教官對課程準備充分講授熱心得一般學者好評	獎一	50.05.25	(50)人令(勤)字〇一七號	
承辦本部經費及經費月報表成績優異	功一	50.11.20	通勤 010 號	
承辦經費收支分類月報表十、十一月份均為滿分成績優異	獎一	51.01.12	(51)通勤001 號	
承辦定額經費月報表十二至三月份均滿分成績優異	獎一	51.04.30	(51)通勤005 號	
協辦聯檢處聯檢業務認真負責	獎一	51.05.30	(51)通勤006 號	
督導辦理本部預算報表業務經金防部公布成績特優	獎一	51.12.17	(51)人令(勤)字〇四七號	
黃獅演習期間對財務辦理及支援不遺餘力	獎一	51.12.30	(51)人令(勤)字〇五二號	
對 52 年度七—十二月份行政事務費管理成績優良	獎一	52.05.10	(51)人令(勤)字〇一四號	
擔任司令部六月份伙委會副主委卓著辛勞	獎一	52.08.12	(51)人令(勤)字〇二八號	
52 年一—六月份預算報表成績優等督導有方	獎一	52.09.25	(51)人令(勤)字〇三一號	
52 年一—六月份行政事務費管理成效優良	功一	52.10.18	(51)人令(勤)字〇三五號	
工作勤奮積滿三大功著有成績	景風甲種將章	52.12.20	(52)軒帕字八五九四號	

53 年度七—十二月份預算支用月報表考核總成績特優督導有方	功一	53.02.17	(53)人令(勤)字〇〇八號	
對 53 年度七—十二月份行政費督導經管有方	獎一	53.06.20	(53)人令(勤)字〇二四號	
興漢二號演習期間負責盡職圓滿達成任務	獎一	53.08.14	(53)人令(勤)字〇三七號	
53 年度一—六月份預算報表成績滿分督導有方	功一	53.10.31	(53)人令(勤)字〇五四號	
承辦 56 年度學校教育各項報表工作努力認真著有成績	功一	56.07.03	(56)人令(勤)字一三五號	
辦理 57 年度軍事學校聯招台北區招生業務成績優良	獎一	57.02.08	(57)人令(勤)字〇〇六號	
擔任 57 年度教育督導成績優良	獎一	57.09.24	(57)人令(勤)字一七四號	
辦理教育經費主動負責著有績效	獎一	58.11.03	(58)人令(勤)字〇〇一號	
審核彙編 59 年度施政計劃與預算作業奉核定成績優等	功二	57.07.30	(58)人令(勤)字三二〇號	
籌措預算支援籌拍「忠誠榜」影片任勞任怨達成任務	獎一	57.12.23	(58)人令(勤)字三五二號	
辦理 60 年度施政計劃與預算奉核定成績優等	功二	59.08.12	(59)人令(勤)字〇一〇號	
工作勤奮積滿三大功著有成績	弼亮甲種獎章	59.09.04	(59)河家字二三二二三號	
負責協調申請分配陸軍嘉禾案有關人事處理經費負責盡職著有績效	功一	59.11.10	(59)人令(勤)字〇一〇號	

承辦預算業務主動逐案審核撥發對施政工作計劃與預算控制執行認真具有績效	獎一	60.08.05	(60)人令(勤)字○○三號	
自 60 年一月預算下授集中作業對帳卡零用金差旅費管制及預算支用檢討呈核均能遵照規定	功一	60.08.05	(60)人令(勤)字○○四號	
主辦該署 61 年度施政工作計劃與預算編製作業成績優等及半年來對預算業務處理主動負責績效卓著	大功一	60.08.23	(60)人令(勤)字二一一號	
承辦本署預財業務作業良好對機械作業人員加班費支報訂定具體核實辦法每月節省公帑萬餘元成效顯著	記功兩次	61.04.26	(61)人令(勤)字○○三號	
編報 62 年度施政計劃與預算如限完成計劃內容完整自動檢討減列事務費廿餘萬元奉核定為優等	記功兩次	61.09.09	(61)人令(勤)字○○五號	
編訂年度施政計劃預算與人事業務進度密切配合致人事業務視察成績優等	記功一次	61.09.09	(61)人令(勤)字○○七號	
承辦 61 年度預算業務集中作業及帳卡設置差旅費管制經檢查績效最優	記功一次	61.12.11	(61)人令(勤)字○○八號	
工作勤奮積滿三大功著有成績	金甌甲種獎章	61.11.24	(61)佈動字二八九三○號	
參加華欣演習個人成績績優	記功一次	62.07.02	(62)人令(勤)字○○四號	
對 62 年度預算管制嚴密節餘四十餘萬元支援其他新興項目著有績效	功一	62.10.29	(62)人令(勤)字○○六號	

主辦 63 年度施政工作計劃與預算編製不眠不休數字正確成績為全陸軍第一名	功二	62.10.29	(62)人令(勤)字○○六號	
主管審核管制該署 62 年度差旅(加班)費支用嚴格認真績效特優	大功一	62.10.30	(62)人令(勤)字一四五號	
工作勤奮積滿三大功著有成績	景風甲種一星獎章	63.01.03	(63)人令(勤)字二〇一號	
對人事次長楊中將訪問本部之行政支援工作協調密切表現良好	獎一	63.01.06	(63)人令(勤)字○○一號	
自強演習第三階段負責小組動員輔選工作主動積極表現良好	功一	63.03.25	(63)人令(勤)字○○二號	
對本署年度施政計劃經費預算之管制與支援計劃周密管制適切使年度內部業務項目均能配合順利	功二	63.05.18	(63)人令(勤)字○○三號	
人事人員專業測驗成績優等	功二	63.07.02	(63)人令(勤)字○○四號	
負責陸軍人事人員專業講習經費運用管制支援得相當圓滿達成任務	功一	63.07.22	(63)人令(勤)字○○五號	
主辦 64 年度施政計劃與預算編製如限完成符合節約規定績效優異	功二	63.10.20	(63)人令(勤)字○○六號	
忠誠勤敏卓著勳勞	一星忠勤勳章	63.12.31	(63)睦眺星字二〇八八號執照	
工作勤奮積滿三大功著有成績	一星寶星獎章	64.01.10	(64)仕人字八八五號執照	
64 年度對差旅(加班)費管制績優	功一	64.01.07	(64)人令(勤)字○○一號	

主辦 63 年度全期成本作業平時考核紀錄抽查成績優等	功二	64.01.07	(64)人令(勤)字〇〇一號	
主辦施政計劃預算支援定期視察成績優等	功二	64.04.12	(64)人令(勤)字〇〇二號	
參加華欣二號演習個人成績績優	功一	64.06.18	(64)仕建字一二八九〇號	
辦理 65 年度施政工作計劃與預算編製作業奉核定為優等	功二	64.10.01	(64)仕建字二一八六四號	
64 年度對差旅(加班)費管制績優列同級單位第三名	功一	64.11.18	(64)仕建字二五四一一號	
工作勤奮積滿三大功著有成績	陸光甲種獎章	65.01.05	(65)仕人字四八一號	
65 年全年未請假暨無遲到早退曠職情事著有勞績	功一	66.03.03	(66)輔人字三三四五號	
66 年全年未請假暨無遲到早退曠職情事著有勞績	功一	67.03.20	(67)輔人字三九〇九號	
67 年全年未請假暨無遲到早退曠職情事著有勞績	功一	68.02.15	(68)輔人字二五〇三號	
參加本會 68 年公文製作競賽初賽經評定成績列為第一處第一名	獎金新台幣500元	68.02.23	(68)輔人字二九三二號	
參加本會 67 年公文製作競賽複賽經評定成績列為第二名	獎金新台幣1600元	68.02.23	(68)輔人字二九三一號	
輔導家副生產與手工藝品加工及爭取國宅等績效優異	獎狀一幀	68.03.01	台(68)內役字二三六號	內政部部長邱創煥於中山堂兵役節頒發
奉核定為本會 68 年度優良人員	獎金一千元、證書一份、獎章一座	68.03.31	(68)輔人字四八六一號	68.6.20 動員月會趙主委頒發

68 年全年未請假暨無遲到早退曠職情事著有勞績	功一	69.02.26	(69)輔人字三三五六號	
69 年全年未請假暨無遲到早退曠職情事著有勞績	功一	70.03.31	(70)輔人字四九六八號	
70 年全年未請假暨無遲到早退曠職情事著有勞績	功一	71.02.04	(71)輔人字二一一八○號	
對加強照顧自謀生活退除役官兵之策劃督導績效良好	獎一	71.02.22	(71)輔人字三一二○號	
71 年全年未請假暨無遲到早退曠職情事著有勞績	功一	72.03.02	(72)輔人字三六五九號	
72 年全年未請假暨無遲到早退曠職情事著有勞績	功一	73.02.14	(73)輔人字二四八六號	
擔任幹部訓練 29 期輔導工作照顧學員圓滿完成任務	獎一	73.03.07	(73)輔人字三九四九號	
連續任職滿卅年著有勞績奉頒一等服務獎章一座	一等服務獎章	73.11.15	台73人政參字三二二三五號	
73 年全年未請假暨無遲到早退曠職情事著有勞績	功一	74.03.14	(74)輔人字四四○四號	
74 年全年未請假暨無遲到早退曠職情事著有勞績	功一	75.02.05	(75)輔人字二五二八號	
辦理轉業教師楊郁文之子住景仁院主動積極	功一	75.12.22	(75)輔人字二二一九四號	
75 年全年未請假暨無遲到早退曠職情事著有勞績	功一	76.01.21	(76)輔人字一三二四號	
服膺公職十一年奉准退休在職期間忠誠服務克盡職守貢獻良多足資範式	獎狀一幀	76.04.01	台76人政肆字退七○四九號	擔任輔導會科長職退休

總　計：

記大功二次，記功五十四次，嘉獎二十九次。

忠勤勳章一座，忠勤一星勳章一座。

陸光甲種獎章一座，金甌甲種獎章一座。

景風甲種獎章一座，景風甲種一星獎章一座。

弼亮甲種獎章一座，寶星一、三、四、五星獎章各一座。

一等服務獎章一座，獎狀二幀，優良人員證書一幀。

獎金新台幣二一○○元。

另有抗戰勝利紀念章一座，公職退休銀盤一座。

玖、家居狀況

　　民國三十八年由海南島渝林港隨五十軍軍部來台，軍部駐新竹埔頂，我一家三口在軍部附近租住一間民房，三十九年二月部隊整編，我調整編後之五十軍軍部補給處，軍部暫駐台中市大同國民小學校，後駐干城營房，再移駐苗栗大同國民小學校。和同事劉天斌、李鳳鳴、李維源四家由新竹遷台中市，先在中山公園邊租住民房，然後和劉天斌、李鳳鳴在三民路修身街租屋居住，十月十二日健民出生，滿月後遷往苗栗，此時我已調一四七師四三九團任補給組組長，團部駐苗栗謝家祠。四十年初四三九團調通霄鎮接任海防，妻、子遷回台中市修身街。四十一年購台中市綠川巷三號（後改為練武路二巷六十二號）克難住宅。四十三年三月一日健基出生。四十四年在原址增建克難房一大間居住，將原屋出租。四十六年元月二十九日健玲出生。四十八年八月七日熱帶低壓（即八七水災）房倒，拆除重建，較為寬敞，除自住外，尚有部份出租。五十二年夏遷桃園縣中壢市內壢自立新村三六四號。六十七年夏遷台北市臥龍街。七十一年二月十三日（農曆正月二十日）健基與

徐鳳嬌結婚，租屋居住。七十二年預購富陽街房屋，七十三年進住，分為兩處住宅。七十八年十二月健基購台北縣中和市景平路住宅，七十九年元月十七日進住。

拾、自　省

　　我作過幕僚，也作過主管，歷經艱難辛酸，打落牙齒和血吞。長官、同事、部屬中，有才高於德者，有德高於才者，有無才無德尸位素餐者，而才德兼備者卻是鳳毛麟角。我對部屬量才而用，儘量管之嚴、待之寬、用之長。在考核考績方面多評好的一面，不好的一面僅點到為止，絕不尖酸刻薄阻礙其前途。平常對部屬多予教導、訓練，例如：所擬辦的稿件，若有瑕疵，必不厭其煩的增刪修改後請其清稿再行上陳，上級長官見此有分量的稿件，認為該承辦人思維、見解、文筆都夠水準而有良好的印像。因此，他們對我的要求自然心悅誠服，相處融洽。在輔導會任科長期間，曾有別科的科員請求要到我主管的科內來工作，我科內的同仁則無人願意離開。由此可見同仁們的眼睛是雪亮的。我所追隨過的長官，正直有為者很賞識我，邪門鑽營者討厭我，視我為眼中釘，前者到某一階層即告退，後者卻能扶搖直上。因此，我只有憑自己的能力打拚，雖然由一等兵逐級升至上校，由專員升至科長平安退休，從無人事背景、關係可言，在無人提拔的情形下，其歷程何其艱辛！當然，

我這一生遠離了官運與財運。

在我所從事的工作中,深刻體認到基層工作實在太重要,因為我由基層的一等兵幹起,經過連部、營部、團部、師部、軍部、防衛部到總部,每一階層都體驗過;到輔導會擔任對榮民的服務工作,是我畢生中工作精神與智慧昇華到最高峰的階段。對基層各服務機構軟體硬體的改善,全心全力投入,甚至連做夢都想到如何推展與改進。工作負荷日重則以「執簡馭繁」方式處理。認為「高以下基」,必須「努力做好基層工作」。

退休三年後,於七十九年四月七日,在台北國軍英雄館走廊遇輔導會第一處副處長張選贊先生,承其面告:近數年各服務機構每於提到我時都異口同聲的說,過去周某人如何克服萬難為他們解決問題、創建制度,強化基層,無不佩服的五體投地。此種建樹不但永難忘懷,而且感念日深……。張一再表示絕非奉承之詞,的確實情如此,要我可引以為慰的。

民國三十八年中秋節後國軍由廣州撤退,共軍尾隨追擊國軍,國軍已潰不成軍,斯時「兵敗如山倒」,沿途之情景是「田園寥落干戈後,骨肉流離道路中」。黃昏,到了陽江海邊,前有大海,後有追兵,海岸線上有傷、病兵、國軍眷屬、散兵,雜亂無章,多人妻離子散,慘不忍睹。我僥倖熟諳部分廣東白話,在海邊漁村與文盲老嫗洽談,以銀元交易僱了一條漁船,救出幾十位官兵及眷屬,憑我指南針與地圖經三晝夜到達湛江。船上無

食物，中途我派人上岸採購，囑咐，看見國旗方可進入市集，若無國旗則不可進入，他們尚未到達市集，即被土共發現而追殺，幸好，我們的人都上了船，迅速離岸，始避過一劫。在湛江海域登貨運輪船，風大浪大，小木船靠近大輪船攀軟梯而上，我妻以包袱背著長子周健由軟梯攀上輪船，船上人滿為患，不要說坐，連站的地方都不容易，猶如筷子筒插滿了筷子。用海水煮的飯既鹹又苦，雖飢腸轆轆，但難以下嚥。周健剛滿一周歲，尚未斷奶，他媽數日未能正常進食，致無奶水，吸吮奶頭無奶水，急得哇哇哭叫，我夫妻二人心如刀割。到了海南島之海口，用駁船分批駁送人員上岸，上岸後我一家三口買了數斤芭蕉（比香蕉小）充飢。

　　五十軍軍部在海口收容潰散之官兵後開往海南島最南端之榆林整頓。在榆林我調軍部軍需處擔任糧餉審核股股長。榆林椰子樹很多，到處都有，完全南國情調，鐵礦豐富，屬海洋氣候。在當時大環境氣氛下，無人有閒情逸緻欣賞南國風情。十二月隨軍部由榆林乘船到台灣高雄市轉乘火車到新竹，眷屬到竹東。軍部駐埔頂。我一家三口無棉被，用一床破軍毯及兩件破棉大衣過冬。三十九年元月，劉安祺將軍所屬之二十一兵團殘餘部隊，整編成一個軍，番號仍為五十軍，我奉調到新的軍部補給處軍需組，仍擔任糧餉審核工作，軍部駐台中市大同國民小學校，兵團司令劉安祺將軍任軍長，副司令鄭挺鋒將軍任副軍長，補給處處長陳煥彩，軍需組組

長牛少齋。軍部各幕僚單位之幹部由各單位挑選而來，可謂一時之選，素質、能力都屬高檔。未數月，成立中部防守區司令部，劉將軍調任司令官，軍長一職由鄭將軍擔任，軍部移駐苗栗大同國民小學。是年實施補給到團制度，建立薪餉手牒（軍人身分補給證之前身），軍部副官組與補給處組成清點小組到部隊清點官兵人數，拍照、製發薪餉手牒，記得五十軍編組完成後之總人數是二六‧六九二人，我們小組成員張春田、陳家梓、趙偉先及我都牢牢記住此數，以此數為基準而增減。新的軍部一切從頭開始，業務繁忙，經常夜間加班，沒有加班費，第二天一大早還要參加朝會、升旗，無人叫苦，無人怨嘆。我妻與子在台中市租屋居住，先在中山公園邊，後到三民路修身街，押金是一兩二錢五分黃金，月租是白米二斗，房東姓莊，每月收租由莊的細姨（小太太）負責。我無力承租，由牛少齋先生私人借給我新台幣四百元，（當時黃金一兩三百元）始租了房子。軍部駐苗栗後，我奉調一四七師三一九團補給組組長。軍部駐台中時，在中山公園邊之三民路建眷舍（中興新村）分配軍部有眷軍官，我是籌建委員之一，眷舍完工行將分配時，我調四三九團，格於規定，我沒有份兒；到了四三九團，一四七師在銅鑼附近山坡建茅草房眷舍，分配尉級及士官，我是校官，再次沒有份兒，無可奈何，只好繼續租屋居住。沒有眷糧補給制度，少校每月新台幣九十元，一家三口，三十九年十月健民出生，成為四口，僅以此

九十元生活，從未到菜市場買過菜，每日在家門口向挑擔子叫賣的菜販買幾毛錢的空心菜或其他廉價青菜，為了孩子必須增加營養，每次買一枚雞蛋，最多兩枚。

附　　錄

一、中國中的中國——陝西

　　陝西位於黃河中游，因為位於陝原（今河南陝縣）之西而得名。春秋時為秦國轄地，因此亦名「秦」。在地理上北部為陝北高原，中部為渭河平原，南部則為秦巴山地。陝北高原其實便是黃土高原的中部，占去全省面積的百分之四十五，整個地區，黃土廣布，厚達五十至一百五十公尺。渭河平原又稱關中平原或關中盆地，是陝西最肥沃、富庶的地區，號稱「八百里秦川」，自古以農業發達聞名。早在二千年前，渭河平原便已開始治河修渠的工程，其中如鄭國渠便修於戰國時代，是中國極為古老的渠道之一。到了漢唐時期，在引水灌溉上更有「八水繞長安」的巨構。而提到長安，不得不令人聯想起唐朝盛世。這國在歷史上存在三千多年的都市，曾有大小十多個王朝在此建都，這些王朝所遺留下來的，不僅只有目前市內外及附近地區的兵馬俑、碑林、大小雁塔、鐘樓、鼓樓，而是層面更深入的、刻劃於陝西人民生活中的中原遺風。面積十九萬多平方公里，人口約三

千萬，以漢、回、藏族為主。咸陽、寶雞、漢中、銅川等地為境內主要都市，延安雖不起眼，但由於中共的關係，現亦列為主要都市形成觀光點。

　　渭河千里劃過千山萬壑悠然歲月，積累六朝繁華薈萃，渭河由西向東急行而去，直直切入黃河，形成了渭河和黃河的橫向軸線，一路連結長安、咸陽等都城。中國歷史上，人馬囂塵，朝代更迭的大戲在這道軸線上演了數千年，直到近代才塵埃落定。陝西古來稱秦地，流經陝西的渭河也順理成章的成為「八百里秦川」。在這個地區，事事物物莫不和「秦」字相關，山有「秦嶺」，地有「秦川」，劇有「秦腔」，秦川八百里，早已成為串連陝西歷史、地理與文化的主線。

二、盩厔的點點滴滴

　　我縣「盩厔」二字較冷僻，人多不識，有所謂盩厔鄠縣考倒了狀元。台灣戶政事務所戶籍員常將此二字寫錯，有些中、小學校的職員填發我兒女們的畢業證書也有將此二字寫錯的，令人啼笑皆非。盩厔縣係漢武帝時設置，山曲曰盩，水曲曰厔，因山水之曲折而名，有其地理、歷史之意義。縣城西蔡家堡明末清初大儒李顒先生號「二曲」，想係準此的吧？中共將「盩厔」改為「周至」，雖然好認好寫，但史地意義全失，後代子孫亦將不知「二曲」之由來矣！

　　盩厔縣城猶如浮在水面的船，地下水充沛，水井很淺，土地肥沃，農產品豐富，陝人咸謂「金盩厔、銀鄠縣」，形容盩厔的富庶。城北沿渭河一帶稱為「下岸子」，係水田，有魚米之鄉的味道，出產大米[1]、蓮藕[2]、荸薺等。有魚、蝦、黃鱔、泥鰍、螃蟹、鱉等，惜鄉人多不吃。城南上岸子旱地，產大麥、小麥、五穀雜糧、

1　大米有兩種：一種叫做飯米，類似台灣在來米，專供做乾、稀飯；一種叫做酒米（即糯米）供做甜酒釀、粽子、甑糕、圓宵等。
2　蓮藕有兩種：一種菜藕澱粉較少，專做菜吃；一種是粉藕，磨藕粉。

蔬菜、水果，比較特別的農產品有邠豆、糜子，水果有乖棗，野生的水芹菜、小蒜、薺菜等。

農村日常飯食，早晚兩餐吃稀的，大米煮的稀飯叫「米湯」，麵粉做的叫「糊塗」，磨碎玉米煮的叫「珍子」，以及小米稀飯等，一般都稱「喝湯」，喝湯一定要吃蒸饃（饅頭）或烙饃（烙餅），早晚村人見面先問「喝了沒有？」，午餐則是麵條[3]或蒸飯[4]或攪糰[5]等。辣椒、醋、漿水菜家家都有，天天必吃，辣椒是自己種的，醋是自己用麥麩子釀造的，以三伏天的醋最好，越陳越香。漿水菜多用芹菜或水芹菜等泡做，漿水攪糰很普通，很好吃，夏天將熱攪糰經粗孔漏勺所做的蝌蚪，以油辣子蒜泥醋涼拌，不但好吃而且涼爽舒服。秋天家家將紅辣椒用針線串起長串掛於屋簷下風（曬）乾後收藏。乾辣椒切段炒熟碾碎，細篩子篩，篩不下去的再碾，直到完全篩下去為止，是為辣麵子，儲存於瓦缸，吃的時候，比較講究的是用燒開的油潑，一般則拌和著醬油及醋。洋槐花、榆錢、掃帚菜等做的麥飯[6]令人回味無窮。

孩童們的零食：將醱好的麵加鹽、香料揉勻擀薄切三角、四方、長方形小片烙熟，是為鹹的；另一種是

---

3 麵條分為細麵（掛麵）、窄麵、寬麵（ㄅㄧㄤˋㄅㄧㄤ麵）、臊子麵等等。

4 將米煮半熟撈出放到甑子裡蒸熟，是為蒸飯。

5 攪糰是用玉米麵稀釋成糊狀，倒入大鍋裡邊燒邊攪而熟。碗裡先放湯，再將攪糰盛於湯中。湯多用漿水做，放辣椒，既酸又辣。無漿水時可用醋。

6 麥飯：洗好之菜加鹽、麵粉、蔥花等拌勻，置於蒸籠蒸熟，吃時可佐以油辣椒蒜泥醋等佐料。

加糖揉勻擀薄切各形小片油炸。涼透了裝入瓦罐零星取食。冬天多炒黃豆、爆玉米花為零食。我童年與玩伴吃過蔥葉灌裝芝蔴或烟籽（即罌粟花果實的籽）。另一種是蔴花，油炸的，台灣也有。小麥麥穗即將成熟時，採下來埋在火灰裡燒悶，売焦麥粒熟，搓掉売麥粒清香，非常好吃。秋天玉米黃豆將成熟時，三五成群在野外燒烤玉米黃豆既好玩又好吃，其快樂滿足天真之情景是都市孩童難以體會的。

到了夏、秋，麥子及玉米、小米地裡有會叫的螞蚱，深綠淺綠色數種，孩童們捉來餵養在籠子裡，籠子大多是自己製作的，有用高粱桿，桿皮為篾，桿心為樑柱，做成方形、扁形、長方形，有門可以開關；有用麥楷像編草帽一樣，編好一長條，迴旋盤繞以線縫合成圓錐形，也有門可以關關。這兩種我都會做。螞蚱最喜歡吃蔥葉，大家都說吃蔥葉善叫。

青少年常玩打欛，「欛ㄊㄞˋ」是小樹的杆連著根部，修整的光光滑滑，約二、三尺長，三、五人同玩，每人有數隻，每人出一隻排列整齊，由一人用手中的欛對準排列中之一隻根部打出，打到綫外，即贏此一隻，然後輪由第二位打，以此類推，將第一批之各隻消耗完了，再排列第二批，當然有人贏有人輸。冬天，村內盛行練拳腳，青少年先練踢腿，要求腳尖踢到額頭，然後才教拳架招式；另一部分則練跑竹馬，以備正月十五花燈之夜表演，實際跑竹馬由正月十三、十四就開始了，

十五日是最高潮，到鄰村、到縣城，通宵達旦，非常熱鬧。竹馬是用竹篾編的，有馬頭、馬身、馬尾，外糊彩紙，馬身中部有圓孔，鑲嵌人的腰部，參與跑竹馬者化裝成武將，紮靠背四面小旗，手執馬鞭，配合鑼鼓節奏，列陣對仗，在周圍人牆的場子表演，雖時值嚴寒，但一場表演下來，必定出汗，平常若未苦練，是難以勝任的。

正月十五還有四種遊藝活動：社伙、高蹺、旱船、龍灯等等。

社伙：分兩種方式，其一是扮演者騎馬；其一是將扮演者固定於機動車上。前者由成年人扮演，後者由孩童扮演。兩者多以三國演義、水滸傳、八仙、西遊記……等通俗故事為藍本化裝成故事中各種人物。騎馬者較簡單，固定於機動車上者則頗費事，以鋼鐵支架（柱）為骨幹，外罩衣物（外表看不到骨幹），將孩童固定於架（柱）上，例如由一位用一隻手托舉一個人，或撐一把傘，傘上站立一人等等。一般父母迷信凡扮演社伙的娃們都會有福，因此每次大家都儘量設法為娃們爭取參與的機會，而娃們可受了罪，在扮演前不可喝水，並且要先排洩大小便，因為遊行中途無法大小便，有的孩童在架（柱）上為時太久過於疲勞，有時會昏昏欲睡睜不開眼睛，尿急，會尿濕褲子。長輩們雖然心疼，但仍樂此不疲，而且好像很有成就感。

高蹺：鄉人多在冬季農閒時練習，初習，蹺的踏板距地面一尺左右，踏板上端木棍用手握著，腳不固定，

練習行走間平衡技巧，視技巧進步狀況逐次將踏板升高，最後不須用手握扶，將蹺用布帶纏繞固定於小腿及足部，繼續練各種高難度之動作，非常純熟了，方可參與高蹺表演。化裝人物與社伙雷同。

旱船（蚌精）：由年輕俊秀的男性扮成俏麗的姑娘，另一人扮梢公引導船行動，較為特別而神祕者，姑娘坐於船中央可作一八〇度的轉身，當然是假腿盤坐，真腿在船下，腰間繫著船，作一八〇度之轉身幾乎不可能，但可靈活的轉，而看不出破綻。跑旱船一定有蚌精與漁翁，蚌精一張一合，漁翁撒網捕之，彼此逗弄、逗笑、逗趣。

龍灯：製作材料：龍頭用木料及竹，龍身龍尾用竹，外罩彩布，龍身內有電灯泡發光，其長度不定。龍頭較重，執掌者常更換，龍頭依執珠者之導引昂首、蟠繞、左右搖擺，不時由龍口噴出火煙，表演祥龍獻瑞，雙龍戲珠等等。

無論跑竹馬、高蹺、旱船、龍灯，都有鑼鼓導助，男女老少圍觀者眾，再加上孩童們所掌之各式各樣的灯籠，真是熱鬧滾滾。

三、勉力稼穡

　　我從小就身體羸弱，缺少從事農耕應有的體力，然而生長在農村，每天所接觸的事物、生活圈裡的細節，無一不與農事有關，長時間的耳濡目染，加上農事人手的需求，很自然的就參與了。由於體力差，只能跟隨舅父們做些輕便的活兒，所做及所見的就記憶所及分述如后：

1. 插秧：稻田先犁（翻泥土）一遍，耙平；秧苗田間精心培養長成，連根帶泥鏟置大木盆，插秧是彎腰倒退，盆隨人後移供應秧苗，所插的間隔距離要相等，插完秧直看、橫看、斜看都成行，很整齊。我插過秧。

2. 豁水：乾旱時，二人協力用斗子豁水灌溉稻田。斗子是量糧食用的木質四方斗，在斗樑兩端及斗底兩端各繫粗繩，兩人兩手各執繩子協力甩斗將池（潭或溝）水一斗一斗的豁到農裡，很費力氣的。有時兩人踩水車灌溉。豁水、踩水車我都做過。

3. 抓泥除草：稻禾發育成長期間，冒著溽暑跪在田裡抓泥除草，拔除的草塞入泥中使其腐爛成為肥料。

對稗子一定要連根拔除，因為稗子會漸漸長到稻子叢中吸收養分，比稻禾長得堅強茂盛。稗子與稻子的葉子很相似，惟稗葉中間有一條白綫，很好辨認。這兩種葉子都會割傷皮膚，天熱流汗，有鹽分的汗水浸入傷口，很不舒服，我曾有過很多次的不舒服，每次都咬緊牙關而過。

4. 收穫稻穀：秋天稻子成熟，下田割稻，將稻子打入絆桶內，二人分站絆桶兩邊雙手握稻草根部，嘭嘭！嘭嘭！很有節奏的打，穀穗的稻粒完全脫落於桶內，剩下的稻草在末稍打活結細縛，根部散開立於田間曬乾，運回堆積作為牲口飼料或燃料。稻穀則裝入細而長的蔴袋以牛車運回曝曬。收穫前田間之水已排放乾淨，收穫時沒有污泥，較為方便。收穫時田間瀰漫著稻子清香味，新米做的飯有股清香味兒，佐以炒青辣椒吃，是當時最過癮的午餐。有一次我正在割稻子，忽然發現一條水蛇，一分心割傷了左手中指，留下了永恆的疤痕。稻穀成熟時最怕大風大雨吹倒稻子浸水發芽，因之在剛剛成熟時，家家搶先趕時間收穫，忙碌異常。

5. 田埂種大豆：春季插秧之前要先犁地整理田埂，田埂斷裂塌陷之處都要填補，成為一條羊腸小道可以通行，為了地盡其利，在田埂「點大豆」，所謂「點」，是用木撐（註）戳洞，將大豆種將置入，抓一把土或草灰丟進去蓋了就不管了，豆子很自然

的發芽成長，秋天成熟收穫。

註：背背簍行走，需要歇息時，以丁字型木撐支撐背
　　簍底部。

6. 割青草餵牲口：竹篾編的背簍口大腰細底寬，割得
　 之青草裝入簍內，簍口豎裝，大部分在簍口外，這
　 樣裝的比較多。背回餵牲口之前，要鍘成小段。鍘
　 草必須兩人合作，一人攜草一人鍘，每次都是我攜
　 草三舅鍘，攜草省力鍘草費力。餵牲口時鍘好的青
　 草、乾草（麥稭或稻草）各半，加水及料（麩子、
　 碾碎的玉米或黃豆等）拌和，多在夜間餵，所謂馬
　 無夜草不肥，騾子、驢、牛皆然。

7. 種麥：秋收後土地休息一段時間，犁地翻土、耖平、
　 再犁成一條條小溝，撒下堆肥，就可撒播種籽，撒
　 時，左臂挎著盛有麥種籽的籃子，右腳向前邁進時
　 右手抓種籽，左腳向前邁進時，右手由右向左撒出
　 種籽，手指拿捏得要恰到好處，撒出的種籽要均
　 勻，每一步所撒的正面寬度要相同。撒完種籽，人
　 站在牲口拖拉的耖子上將地鈀平，麥種籽自然就埋
　 在土裡發芽成苗。麥苗經寒冬霜雪覆蓋，不但凍不
　 死，到了第二年春天反而更為茂盛。春天，麥子地
　 裡有許多野生的薺兒菜，婦女、孩童提籃、持鏟子
　 採剜。薺兒菜可以做漿水菜，可以包煮角（水餃、
　 蒸餃），可以炒著吃，也可以生吃。戲劇裡王寶釧
　 苦守寒窯十八年就是吃這種薺兒菜。麥，有兩種，

一種是小麥，一種是大麥，小麥磨成麵粉做各種麵食，作為主食，故大量種植；大麥去其外殼作為麥仁煮稀飯，或用以釀醋，所以種的較少。

8. 割麥：夏季麥黃，頂著大太陽在地裡割，為了省事求快，大家習慣左手扶麥稭，左腳將麥稭向前帶動，右手揮鐮刀由右向左割，積於左腳面，積到相當數量，置於身後，整塊地割完了，用牛車運回麥場曝曬，曬乾了，才可以碾。

9. 碾麥：帶著麥穗的麥稭曬乾了，攤勻攤平，套上牲口拉著石頭長碾子牽著韁繩轉圓圈兒碾。此時要特別注意牲口大小便，一旦發覺，迅速以長柄容器接著，否則，會污染麥粒。一人牽著牲口碾，一人用叉子翻抖，輾轉碾很多遍到麥粒完全脫落為止，最後以叉子抖掉麥粒，收起麥稭集中堆積（ㄐㄧˋ）作為牲口飼料或燃料。

10. 揚麥：碾下的麥粒混雜著外殼及芒，多在下午有風的時候用木鍬逆風而揚，麥粒殼重而芒輕，經風一吹便分離了；無風時則用風車吹出殼、芒，麥粒流進蔴袋。麥殼、芒稱為䅟（ㄧ）子，可作燃料、冬天燒炕。

11. 棉花：棉花有數個品種，例如繭兒花、洋花等，春天播種，三伏天必須打尖[1]（註），限制長高。秋天

---

1 打尖，係將主幹之頂尖掐掉，避免長高，促進旁枝橫向發展，多結果實。

開花結果，果老皮裂棉花出，曬幾天便可摘取。棉花桿子拔起曬乾做燃料。棉花經軋花機將棉籽擠掉而為「生花」，生花經過「彈」而成熟花，熟花撚成撚子才可以紡綫織布、或做被胎。棉籽可以榨油。

12.玉米：麥子收穫後土地休息一段時間，犁地翻土耖平再犁成間隔約兩尺的小溝，撒堆肥，播玉米種籽於小溝，距離約一尺多種一株，然後耖平。待禾苗長到半人高時，要鋤草鬆土。玉米最忌有「空桿」及「灰包」，空桿不結玉米棒，灰包是病蟲害，使成形的棒子變成一包灰。（民國七十八年八月我返鄉探親見到改良品種，已無空桿及灰包）。禾稍頂端開的花叫做「天花」，玉米棒尖端有一撮紅纓，村童摘取做假鬍子玩。天花及葉枯萎時，玉米即將成熟，村童折天花及枯葉在野地裡燒烤玉米棒子吃，此時大豆也即將成熟，可以和玉米同時燒烤。玉米桿子間有很甜的，當甘蔗吃。玉米老了摘棒子叫「扳玉米」，扳回剝去大部分外皮，保留兩片外皮，以此兩片外皮連結於木椿成一粗壯柱子，或搭在粗繩掛吊在屋簷下，曝曬、風乾，等乾透了，取下先叉（ㄔㄚ）後搓，搓的工具係玉米心，將玉米粒剝下儲存。乾玉米可以炒，爆玉米花作零食。玉米桿則為燃料。

13.黃豆、黑豆、綠豆、芝蔴、蕎麥等收穫後分桥在打麥場曬乾用槤枷拍打，將打下的顆粒用鍬揚或風車

吹去雜渣，剩下的桿子作為燃料。

14.小米、粟子是把穗割下曬乾用碾子碾，而為谷子，
　去谷穀方成米粒。是秋季收穫的作物。

四、鴉片煙

　　鴉片烟用罌粟未熟的果實汁液（漿）製成，是麻醉品，在醫療方面有其作用。如果吸食上了癮就等於自我毀滅，世界各國皆嚴令禁止。我國與英國之鴉片戰爭（清朝道光十八年至二十二年）仍深印國人腦海，所留後遺症給國人之恥辱莫此為甚！而我的家鄉從前卻種植過鴉片原料─罌粟，是我童年有記憶力時所見所經歷過的。茲就記憶所及分種植、收穫、調製及吸食各節概述，權充不光彩之史料。

（一）種　植

　　每年秋收後土壤休息一段時間，即開始整地下種（大約和種小麥的時間相同），犁地翻土耖平，然後犁成間隔約二尺左右的小溝，溝內施肥料，播入種籽，耙平溝底烟苗自然長出，長到三、四片葉子時，必須除掉一些，除苗用「小鋤」蹲在地上向前鋤，叫做「耗烟」，「耗」是除去一些之意。留下較強土之烟苗，苗與苗之距離約五、六寸，除掉之苗可作菜吃，其味如同萵苣，新鮮的

吃不完，可以曬乾儲存，要吃時先用水泡軟即可。夏天開花，花形很像鬱金香，有大紅、粉紅、紫紅、紅白各半等顏色，很美麗，一株苗開二至三朵，最少一朵。開了花即結果，果實圓形，朝天，頂端有一圈齒輪但不刺手，烟漿全在未熟的果實肉內。成熟的果實內有許多烟籽，圓粒，比小米顆粒小，可以榨油，其香味較芝蔴油稍遜一點。

（二）收　穫

夏季收穫時最怕下雨，通常此一季節雨水較少，有時幾乎沒下過雨。收穫分兩個階段：第一階段，先一天午后「割烟」，割烟的工具是竹製柄長約二、三寸，柄端微彎按裝三片金屬利刃為三齒，齒用鈍了可以取下來磨鋒利再裝上去繼續使用。割時，左手大拇指壓住果的頂端，食、中二指尖住下方果蒂處，右手大拇、食指持刀，中指緊貼果實由左向右在果上平劃大半圈，白色乳液（烟漿）即出，經太陽一曬表皮即凝，再經一夜露水潮濕，變成黃黑色，這是第一刀。通常一個果實可以割五至六刀，施肥足果實壯烟漿就多，反之則少。第一刀如割東面，第二刀則割西面，第三刀再割東面，第四刀割西面，第五刀在東面左上向右下斜割，第六刀在西面斜割。第一、二刀所出烟漿較多，其餘各刀遞減，直到烟漿出盡為止。第二階段，翌日刮烟，一定要在太陽未出來及出

來不久迅速的刮完，因為經太陽一曬，果實表皮凝結的
烟漿便乾涸了，不能刮，若勉強的刮，因無粘性便成碎
渣會掉到土地拾不起來。刮烟的工具是特製的小刀（◀）
和腰間繫的小鐵筒子。刮烟時左手夾住烟菇都（果實）
的方式與割烟的相同，右手大拇、食指拿小刀，中指緊
貼菇都由右至左刮下已凝之烟漿，再將已刮得之烟漿刮
進腰間鐵筒子。此即「生烟」也叫「大烟土」，簡稱「烟
土」或「土」。早上刮烟時，田野間羊腸小道叫賣吃食的
很多，有蜂蜜粽、甑糕、油糕、油茶、菓子（糖麻花）、
饊子、各種糖果等等。習慣上都是隨便在腰間筒子裡挖
一點烟土以物易物，並不稱種量。孩童們早晨最快樂，
一方面刮烟玩耍，一方面用刮得之烟土換吃的。販賣吃
食的多為河南人，是一本萬利的生意。

　　收割完了，尚須經過日曬才可以儲存於缸或大碗、
盆，待價而沽。曬好的烟土表皮黑色裡面黃色。據說：
種烟的收入比任何農作都高出很多倍，所以無知的農民
爭先種植，官府並不過問，令人百思不解。

（三）調製及吸食

　　所收穫的烟土除了大部分出售外，尚保留少部分自
己使用。在那個時代家家都有吸烟的器具，整套吸烟器
具包括玻璃罩油燈、竹製烟槍鑲銀瑪瑙或玉石或翡翠嘴
子，葫蘆是陶器、金屬的籤子約五、六寸長一頭是尖的，

一頭是小鏟子、盛烟膏的牛角盒子及放置以上物件的烟盤子（長方型）。烟膏各家自熬，其步驟是先將烟土稀釋，小撲籃[1]或笊籬[2]鋪黃表紙將稀釋之生烟過濾（因刮時會刮掉果實的表皮在生烟內），然後將無渣滓的烟汁倒進瓦釜內在木炭火上熬，煉成像川貝枇杷膏一樣濃度的膏，裝入牛角盒備用。鄉人把吸烟叫「吃烟」，吃烟時側臥炕上，一人或二人，二人時一人燒烟，二人中間放置烟盤，盤內用具齊全，所謂燒烟是以籤子沾一點烟膏在燈炎燒一下，再蘸膏再燒，多次蘸、燒，並用手指拉扯、纏繞、搓、捻、捏，至所需要大小之烟泡，狀似黃豆粒，對準燈炎籤子插入葫蘆小孔，烟泡黏在葫蘆上，暫離燈炎轉動籤子立即抽出，這時便可吸了，口啣烟槍，烟泡小孔對準如錐尖的燈炎，細而長的吸，烟泡慢慢融化進入葫蘆，吸的技巧主要在換氣，用鼻孔吐氣，若用啣著烟槍的口吐氣則會吹滅了燈。烟癮大的烟泡較大，反之則小。烟霧進入口中其感覺有如騰雲架霧飄飄欲仙，接著精神百倍。烟泡進入葫蘆即為烟灰，已少黏性，但仍有利用價值。葫蘆可以拆卸下來用籤子一端的小鏟子將烟灰鏟出備用。常謂「菜油錐尖尖，紅花老笨烟」，蓋菜籽油燈炎很尖如錐子尖；紅花老笨烟則係一種優良的品種，有很濃的香味，是癮君子所喜愛的。小孩肚子疼，大人向

---

1 竹篾子編的圓形盛雜用具，婦女作針線時使用。
2 漏孔很多而可在水中撈物的杓形竹器，能過濾水分。

孩子口中噴一口烟霧肚子就不疼了，鄉人無知，認為噴一口烟便可以醫治肚子疼，其實是麻醉作用，根本治不了病。此一年代鴉片烟不知害了多少人，家中來了客人請客人抽烟等於現在的一枝香菸那麼普遍、平常。有烟癮的人身體都不健康，烟癮發了周身不舒服，眼淚、鼻涕、啊欠、顫抖，猶如大病臨身，吸了烟過了癮立即恢復正常而且精神抖擻。有些人將所有財產吸進了烟葫蘆，導致窮困潦倒不得善終。為甚麼當時政府不禁止？直到民國二十三年（一九三四）才下令禁烟，所謂禁烟只是禁止種植，吸食鴉片及開設烟館供人吸食者則未禁。禁止種植的初期鄉民持觀望態度，膽大的偷著種植，膽小的不敢種怕吃官司。記得有一任縣長執行的方法可謂絕妙：縣政府派人到鄉下遍貼告示，鼓勵秘密檢舉種植的，檢舉後縣府派人勘察，一株烟苗罰銀元一元，作為檢舉者之獎金。此辦法施行後，有受罰的、受獎的，於是促成了大家自動拔掉地裡的烟苗。當時有心術不正、不務正業的混混陷害有錢人家或報復仇家，偷偷的在其地裡撒種籽，烟苗長出了立即檢舉，使財東或仇家吃了不少悶虧。這樣，澈底禁絕了種植。而吸食鴉片之惡習則延續到現在，仍然偷偷的在自我毀滅，據資訊報導，西安市尤其嚴重，潼關設了戒煙所，有不少年輕人被關進去勒戒。

　　民國四十二年劉玉章（麟生）將軍任台灣中部防守區司令官，到后里營區對部隊訓話，強調作戰時情報至

為重要，有了快速、正確的軍事情報，才能知彼、才能致勝，否則，你說你能打仗，你能「打煙」！訓話完畢部隊解散後很多官兵圍繞著我，紛紛問我司令官說能打煙，是甚麼意思？我將用煙槍吸食鴉片之情形向大家說了一遍，大家才瞭解是怎麼一回事。（因為劉將軍是陝西人，所以請我解釋）

五、病　史

　　有謂人無遠慮，必有近憂；人有一病，百歲長命。蓋人有一病，必會特別注意保養，保養之道包括飲食、運動、睡眠、排洩等等。飲食定時定量、營養均衡，運動有恆、睡眠充足、排洩順暢，心情平靜。

　　人到了風燭殘年之際，易受二豎所困。我除了民國五十五年端午節車禍受傷住院治療外（詳如前述），曾有以下住院治療之紀錄：

　　一、民國七十六年三月底起攝護腺肥大，先後兩次到三軍總醫院急診導尿，然後門診服藥（主治醫師張聖源）。七十八年十二月到台北榮民總醫院門診數次，因肥大嚴重而住院，由外科醫師金光亮動了手術。

　　二、民國八十二年三月一日起腹瀉，到公保第一聯合門診中心門診多次，久治不癒，人瘦了五公斤。三月十一日起改到台北榮民總醫院門診，經多次多項檢查，檢查出係罹患胰臟炎及膽結石導致腹瀉，主治醫師譚振焜立即（三月二十一日）安排住院進一步檢查及動手術，遂於三月三十一日由外科醫院金光亮主刀，本來只在腹部打個小洞拿掉結石，但因結石太多難以清除，遂在腹

部開了傳統式的一刀清除結石拿掉膽囊，我成了「無膽」之人。四月八日出院回家休養。

　　三、民國八十六年七月三十一日早上發燒三十九度四，全身無力，行動困難，由長子周健陪同到台北榮民總醫院感染科門診，未被接受，改到急診室診斷，在急診室住了三天查不出何病，只是打點滴，燒退了於八月二日出院。

　　四、民國八十九年八月底胃部不適，到台北榮民總醫院門診，安排照胃鏡，檢查出係患消化性潰瘍，十二指腸已堵塞不通，食物到不了腸道，主治醫師林懷正立即決定住院治療，插鼻胃管，抽取腸胃汙物。禁食禁喝水，靠打點滴維生，凡四日。九月五日再照胃鏡，十二指腸已通，潰瘍已結疤，九月六日出院，每月門診一次，長期服藥保養。

　　人老了，身體抵抗力低，顯得很脆弱，冷不得、熱不得、飢不得、飽不得。我已體驗出應注意之事項為：穿衣毋須講求流行，只要舒適，保暖或散熱良好即可；飲食宜清淡、均衡營養，毋須刻意進補，早餐吃得好，午餐吃得飽，晚餐吃得少；居家力求平靜、無壓力、不緊張，做到淡泊、寧靜；走路宜慢、穩，避免跌跤，鞋子要適足舒服，襪子常換洗，保持足部衛生；睡眠充足，入睡後不宜吹電扇或開放冷氣，臥室要空氣流通；排洩要順暢。如能做到以上各點，個人保健已告成功。

六、糖尿病與我

　　我罹患糖尿病已二十一年。二十一年前在公保聯合門診中心體檢，發現患了輕微糖尿病，醫囑不須服藥，控制飲食就可以了，每月檢驗血糖一次。一年後醫師處方給藥服用，以迄於今已二十一年。在這二十一年與糖尿病纏鬥的日子裡，血糖升升降降，心情也隨之起伏不定，體驗出一些膚淺的心得，現在報告出來，和病友們共勉。

（一）始於輕忽

　　當發現有輕微糖尿病時醫囑不須服藥，應好好控制飲食，但我不知道向營養師請教，僅憑自己不成熟不正確的方式控制，並且常有應酬與出差，飲食不正常，生活不規律，工作繁重壓力很大，可以說幾無控制可言，致血糖逐漸升高。這是「無知」所造成的。

（二）偏方誤我

親朋好友知道我患了糖尿病，都非常熱心的提供偏方，如：玉米鬚煮水喝，蕃石榴葉泡茶飲用、煮食馬齒莧、吃醋泡雞蛋、吃醋泡黃豆、冷開水泡綠茶喝等十餘種之多，經一一試過，對我皆無療效。原先姑且一試的心理，最後完全破滅，不再信，不再試。

（三）血糖升降最敏感

糖尿病患有情緒好壞（含生氣），精神壓力如何、飲食有無控制、睡眠是否良好，傷風感冒、腹瀉、生瘡、牙痛……等都會直接使血糖上升或下降，就好像股票市場之敏感度一樣，稍有風吹草動，立即會表現出來。血糖上升容易，下降則較難。

（四）保持血糖穩定減少合併症之發生

右述血糖敏感度不但應體認，而且一定要針對使血糖升高之因素加以消除，一定要身體力行。例如：保持安祥平和之情緒，避免生氣、激動；飲食方面應向營養師請教，依其指導餐飲；不要有精神壓力；有恆的運動，促使睡眠良好；注意起居保暖，勿受涼感冒；注意個人清潔衛生，尤其腿部足部不能受傷或生瘡；剪腳趾甲宜

方不宜圓；檢查視網膜；清潔牙齒等等。

（五）病情控制

　　遵照醫師、護理師及營養師之囑咐指導施行固然重要亦屬根本，但最重要的還是要靠患者自己，有家屬者家屬也應密切配合與分擔。例如：

1. 按劑量按時服藥，不可忘記。
2. 少吃多餐，定時定量，營養均衡，儘量避免應酬，遠離菸酒、汽水、果汁、甜食，飲食以清淡為宜。
3. 生活規律，早睡早起，有恆的戶外運動，促使睡眠良好，排洩正常，應選擇自己喜愛且體力可以負荷之運動項目（我打太極拳已二十年），並注意血糖過低之問題（帶糖在身上），以免休克。

友人不能自我節制的悲哀實例：

　　十幾年前我有四位患糖尿病之友人（三男一女）先後去世。其中一位不知自己患了糖尿病，從未診治，延誤到合併症報到，才進醫院，眼盲、腎衰竭、胰臟壞死……，醫藥罔效，未及一週而辭世；另一位每日運動，但未診治服藥，且未控制飲食，另兩位從不運動，飲食不控制，亂吃，抽菸、喝酒，藥量不斷增加到極限，最後藥已控制不了血糖。這三人最後諸病齊發，終於不治。

　　最後，感謝醫術高超、視病猶親的林主任及對患者

無微不至的林慧珠小姐，多年來感受到他們倆位諸多溫暖細心的安排，使我如沐春風。敬祝各位評審、各位病友平安健康快樂！

七、面對面雙向溝通

「溝通」的解釋是：一、本指開溝以使兩水相通。後用以泛指疏通彼此的意見。二、Commnication 也稱傳播。指將發送者一項訊息的真正意義，傳遞給接受者，希望對方完完全全獲得原來的意義。

輔導會的任務是輔導照顧國軍退除役官兵，一切作為是依據「國軍退除役官兵輔導條例」及「國軍退除役官兵輔導條例施行細則」。為使各項工作便於有效的推展，各主其事者煞費苦心，又先後訂定了各種單項規定及作業程序，行之多年，並依據各階段實際狀況不斷的修訂，的確已作到了求新、求變、求行的地步。可以說已有相當的完整性和可行性。然而散居社會各個角落的退除役官兵，對輔導會的作為及各項規定，未必都能瞭解，甚至一無所知，更嚴重的是道聽塗說以訛傳訛，有時將原本很好的措施全給扭曲了，並且還產生了負面作用。如果別有用心者從中分化離間，加油添醋，被其利用作為工具，退除役官兵良好的形象就會受到破壞。因此，輔導會與退除役官兵必須彼此瞭解，沒有隔閡、沒有誤會，才能消除負面的作用，而增進瞭解最佳途徑，

便是面對面的雙向溝通。也就是我聽你說,你聽我說,以坦誠的態度在和諧的氣氛中進行。

溝通的方式有個別的、集體的。假設服務工作人員為甲,退除役官兵為乙。在溝通時,甲應說明主題、目的和希望,乙說明需求與願望,無論說的對或不對,都應該把心裡的話說完,縱然情緒不好一時不能控制發發牢騷也無妨。然後由甲依據規定逐項說明,詳細解釋,何者可以辦,何者不能辦,何者應向何處辦,何者現在不能辦將來可以辦,何者可以尋求可行的管道儘量設法……。雙方有了充分的瞭解後,不但有助於未來政策方面的修正與發展,而且能增強退除役官兵對輔導會的信賴。

輔導會非常注重溝通工作,例如每年舉辦退除役官兵代表分區懇談(今年已擴大辦理),每年在各縣市舉行外介轉業人員聯誼座談,專案訪問座談,各縣市服務機構以鄉、鎮、市、區為單元,舉行訪問聯誼座談,個別訪問晤談,每年舉辦退除役官兵自強活動參觀會屬機構等等,並印製各種資料(就醫、就養、就業、服務照顧等)分送各散居退除役官兵,很清楚的公布輔導會為退除役官兵服務的項目、成果及以後的作法,其目的就是為了增進瞭解。退除役官兵人數多,居住星散,住址常有變動,聯繫不易,且各人忙各人的工作,所以每次各種座談,無法邀請每一位,僅能邀請各階層具有代表性的參加。不過這是一項經常性、長期性的工作,輔導

會及各地區服務機構已列為最重要工作項目之一，今後仍將加強實施。

註：本文曾刊登於中華民國七十六年六月出版之〈榮光報導〉第二十四期第六頁。

八、服務照顧工作體驗

　　服務榮民，照顧榮民，輔導榮民，為榮民謀求福祉，是輔導會的職責。榮民在精神、物質方面之需求，隨國民生活水準而急遽增長，不僅項目日多，品質亦必須提昇。依歷年統計分析，近五、六年來服務工目實際工作量平均年增百分之二十，目前在人手、經費兩不充足之狀況下，如何力求改進，加強各項作為，為榮民提供更周全的服務，的確是當前最迫切而重要的課題。筆者多年來在服務工作方面向先進諸君學習所得，及個人工作體驗，有一些看法，擇要提出，以供參考：

（一）觀念問題，也是心理建設

　　首先要確認服務工作是良心工作，是利他的（有別於圖利他人），具有多元性、社會性、倫理性和歷史性。能參與此一行列為榮民服務，是犧牲奉獻、作好事、積陰德最直接的途徑，是人生價值觀念最佳的詮釋。有此認識，便不覺得工作繁雜勞苦，甚至越繁越勞越苦越有勁。

（二）有完整的資料，可以事半功倍

1. 榮民個人資料：在你的轄區內已經登記建卡列為服務
   對象的榮民及榮民遺眷有多少？其中已輔導就業、支
   領退休俸、贍養金、生活補助費、榮民遺眷（含支領
   半俸者）、及已支領一次退伍金與視同退伍之榮民各
   有多少？晚婚子女幼小家累過重生活艱困急需照顧
   者又有多少？所建立之資料基本資料固應齊全，動態
   資料更宜經常保持新實，以之作為服務照顧的依據，
   較為方便適切周延。至資料如何整建，早有詳細規
   定，只要大家按規定澈底的經常的實施，就可以落
   實。各服務機構每日為榮民服務作了很多事，其事
   蹟、成果都散置於各個案卷中，經辦人在職時，腦海
   中尚有不完整的印象（年歲大了記憶力較差），如果
   一旦調離或退休，則所有事蹟成了空白。假如能隨時
   集中登記於個人資料，則會一目了然，運用時亦較方
   便。

2. 業務資料：常見的現象是資深、業務嫻熟的承辦人調
   離或退休，接辦者一無所知，要用心摸索很長時間才
   能進入狀況，有時還會發生偏差，形成困擾。如果每
   一工作人員都能建立業務資料（類似備查簿），區分
   所承辦業務所依據的有關法令、規定，成果統計（按
   月、按季、或半年及累計），有價值的個案例證彙集
   一冊等等。人員異動時列入移交，便不致脫節，對榮

民亦較方便。

（三）凡事多為榮民設想

1. 散居社會少數無退伍證件而自稱是當兵下來的，早年
   年輕力壯，謀生較易，沒有甚麼問題，現在年邁，體
   能衰退，不但無力謀生，而且病痛及問題日多，到各
   地區服務機構洽請照顧，遇到守法守分但不願多事的
   承辦人，便說：「你無退除役證件，不能證明你是榮
   民，依法我們不能照顧你。」站在守法守分立場，這
   位承辦人沒有錯，但是如遇到一位不但守法守分而且
   能在情理方面為當事人設想的工作同仁，便會協助這
   位自稱是當兵下來的先生多方設法，以各種可行的管
   道尋求當年離營的合法證件，代為申辦視同退伍證明
   書及榮民證，使其享受榮民的權益。

   曾有一位康姓榮民，民國三年出生，四川人，民國
   二十七年入伍，三十七年部隊改編編餘離營。自七十二
   年開始向軍種總部、團管區及輔導會所屬服務機構申辦
   視同退伍證明書，均不得要領，歷四年餘，未能如願，
   於七十六年六月十八日到輔導會陳情，由筆者接談，得
   知其持有「參加作戰證明」一紙，遂面告應以書面報告
   檢附參戰證明、照片一張及戶籍謄本一份掛號逕寄軍種
   總部辦理，說得很清楚，但這這位老先生說：「我是老粗，
   不識幾個字，我還是不會申辦。」於是筆者代為寫了一

份報告，請其檢附上述附件掛號寄出。歷時四年餘之困擾得以解決，在筆者乃舉手之勞，在這位老先生則是一件大事。

辦理視同退伍證明書之條件，國防部已放的很寬，服務機構的工作人員若能為當事人設想，此一問題應該早就解決了。

2. 服務機構領導級人員，負有統合協調之責，各承辦人只是辦理單項工作，榮民有了困難，到服務機構向甲承辦人申述，甲所管的業務範圍不能達到此一榮民之願望，經甲解釋不合的原因，雖然獲得諒解，但問題並未解決，假如領導級人員能注意及此，可以請榮民再與乙、丙或丁承辦人洽談，儘量設法找出一條可行的路，使其能達到某種程度的願望而感到溫暖。

目前部份服務機構的副首長及總幹事，或僅總幹事在大辦公室與全體職員一起辦公，這是很對的，可以統合協調，並可於必要時緩和一些不愉快的氣氛。凡尚在小房間辦公的領導人員似應深思和檢討。

3. 榮民以書面向輔導會或各地區服務機構表示願望，希望能協助解決，但缺乏愛心的工作人員，常以「於法不合」、或「礙於規定」歉難為助答復，使榮民弄不明白於甚麼法不合，或礙於甚麼規定。然而肯為榮民設想的工作人員，則會清清楚楚明明白白的說明癥結所在和不能辦的原因，並指出應該如何進行，向何處進行。兩相比較，感受完全不同。

（四）要主動、要迅速、要周延

1. 各服務機構在辦公室等待榮民來洽事，是消極的、被動的，已不合時代要求，必須主動積極的為榮民服務，不是等事做，而是找事做。譬如下鄉訪問舉行聯誼座談、巡迴服務、個別訪問、慰問等，關懷榮民、重視榮民每一問題，在態度上、行為上有一種親和力，主動發掘問題，按權責分別解決，實在辦不到的，一定要說清楚，面對面雙向溝通，消除誤會及誤解。

2. 急病送醫，急難、災害救助、亡故榮民悼祭及遺屬慰問，都要及時。急病及時送醫可以救命；急難、災害主動迅速救助，精神作用大於物質，用錢少而效果大；散居榮民亡故，服務機構送輓帳（額）親往致祭，並慰問遺屬，是安死慰生較有人情味的作法，不可忽視。

3. 榮民申辦事項需要檢附的證件、資料及詳細手續、程序與所需時日等應該一次說清楚，必要時可為其代為書寫，勿使榮民多次奔波費時費事感到不滿。

（五）紮根工作要從小處著手

　　各項措施、各項計畫，都是大處著眼，欲求實功實效，則有賴於小處著手，先作好基礎工作，紮根工作，方能事事落實。舉出事例如次：

1. 各服務機構邀請（遴選）出席輔導會議、分區懇談會、外介轉業人員座談會等代表，為了能使榮民都有參與之機會，輔導會規定最近三年曾參加過的勿再邀請（遴選），可是每次都有部份代表發言時說：「本人最近幾年連續參加這個座談會很多次了，如何如何……。」很顯然的說明了未依規定邀請（遴選），使輔導會的著眼落空。如果承辦人不敷衍塞責，不應付了事，領導級人員加以注意，將曾經參加過的登入資料，以供核對。每次邀請未曾參加過的榮民出席，這件工作就落實了。

2. 各服務機構經常訪問榮民，發掘問題，協助解決，主動推展服務照顧工作，常遭受部份不明事理者之抗拒，甚至還說：「我不找你，你來麻煩我幹甚麼？」拒人於千里之外；然而又有一部份人抱怨說：「我退下來很多年了，輔導會從無任何人看過我，我根本也不知道各縣市設有服務機構。」前者，服務機構人員雖然受到難堪，但是可以忍耐，或另行設法溝通，而後者則宜設法改進，因此，輔導會於民國七十一年四月一日曾規定，對新退人員，各服務機構於收到軍方發布之退除役命令副本時，主動通知各退員（並通知其住址附近之義務聯絡員）告知其服務項目，請其到服務機構辦理登記，並為其服務，義務聯絡員於星期例假日抽暇到新退人員家中（或住處）拜訪晤談，一回生二回熟，見了幾次面，聯繫的很密切，必然可以

消除許多不必要的誤會或誤解。同時在精神上似乎有了依托和歸屬感，其作用其意義不言而喻。目前尚有部份服務機構對上項規定的由來和用意未能十分瞭解，或者嫌麻煩，於收到退除役命令副本時，不通知退員及聯絡員，將文件存查了事；或者通知了退員，遭到不理睬之情形後，便不再過問了。筆者的看法是如果你通知他來辦榮民證、福利品購買證，我想他不會不理的，萬一仍然不理，似可請聯絡員於拜訪時代為辦理登記。

（六）服務態度

被榮民所詬病的服務態度問題，輔導會不但極為重視而且再三規定並予講習，強調愛心、耐心、熱心、誠心，要求全體工作人員注意和改善，各服務機構首長也在不斷的督促與要求，的確已有很大的改進。何以仍然有人一再的反映和指責？茲以所指出的事實檢討分析，發現最大的原因是制度（規定）與實際狀況未盡切合所形成，例如就養及訓練（寄缺）安置，由於員額不足所規定的限制條件，榮民不願接受，有些榮民認為這是他應享有的權益，不為他辦，就是不對，有的口不擇言辱罵承辦人，甚至向承辦人動武，其未能達到目的，則說服務態度不好，不為榮民辦事，表示不滿。各級領導人員應該明察實情，絕不可不問是非，只要榮民反映，便

是服務人員不對，這樣，對士氣打擊太大。筆者向來主張凡是為榮民服務有很好績效的及為榮民辦事受了委屈的工作人員，應該給予精神或物質獎勵，使其能得到一點安慰。高級掌實權的機構應該依據實情賦予足夠的員額，解決實際問題，不宜等閒視之。

（七）力求革新進步

社會在快速的進步，為榮民服務是社會工作之一部份，必須配合大環境力求革新不斷進步，思想不能僵化老化，精神不可鬆懈，墨守成規即是退步。每一位從業人員要有敬業精神，全心全力投注於工作，千方百計謀求改進，那怕是一點點進步，也是可貴的，大家都有如此的想法和作法，必然會不斷的全面的進步。容易見效的作法，似乎應由負責督導者發掘各單位較有創意的進步實況或優點，提供大家參考，必要時可以相互觀摩學習。記得六十九、七十年度公布的業務評鑑資料中就有很多進步的項目，部份單位非常重視，曾虛心的學習，有很好的成效。

（八）強化義務幹部功能

義務幹部（總聯絡員、駐區聯絡員和聯絡員）陣容業經充實、調整、改善及加強，在理論上應該比過去的

功能要強若干倍。各服務機構宜妥為輔導，促請依照服務手冊及有關資料內容為榮民服務，並彙集具體績效及有價值的個案例證作為座談會交換工作經驗的重點。七十五年七月二十一日榮光周刊第二版「聯絡員的功能」一文可供大家參考。

　　服務照顧工作千頭萬緒，不但繁雜瑣碎，永無止境，且不易作到人人滿意。負責任、有敬業精神的工作人員，勞怨不辭，凡事盡其在我，問心無愧，為榮民服務所經歷的酸甜苦辣，常有「千言萬語說不盡，也不知從何說起」的感慨。如果在觀念上有正確的認識，就會覺得心安理得；在作法上有腳踏實地的幹勁，克服困難，力求進步，今後當會創造出更為可觀的績效。筆者從事服務工作，半路出家，是個半調子，並已退休，以上所述也許是一知半解，或者不夠客觀，惟出於至誠，所以大膽提出，咸望先進諸君不吝指教。

註：本文曾刊登於中華民國七十六年九月出版之〈榮光報導〉第二十七期第八至十頁

九、語言隔閡，誤爲違紀

　　民國四十一年（一九五二）部隊在台灣中部地區實兵作戰演習，團部使用 V101 手搖式無線電收發報機通訊，機器發動後呼叫受話機之呼號，獲得對方回答後，始可發報（俗稱敲狼頭）。那天在鄉村民宅院落架設機器，上級規定的呼號是「GP，GY，」發報人連呼 GP GY 多次請回答。當時村內年輕婦女、孩童圍觀從未見過的無綫電機，聽到 GP GY 時，異口同聲的罵「烤貝」（哭伯），而且紛紛離去，隔日，地方人士反映，演習部隊無綫電通訊人員違紀，騷擾婦女。部隊各級長官都極為重視，立即派監察官調查，查出乃當天「呼號」惹的禍，經過說明，始告平息。當年部隊官兵皆來自大陸各省，除閩南籍官兵外，皆不諳閩南語，更不知 GP GY 是何意，因而有此誤會。

十、探親回來話鄉情

　　中華民國七十八年八月由長子周健陪我赴大陸探親，經香港、九龍、廣州、桂林、西安而到盩厔（周至）縣家鄉，最後在北平（北京）參觀遊覽了幾天，經由天津香港返台。近數月每與親朋好友談及探親所見，大家都聽得津津有味，家人及親友都鼓勵我將所見的事實寫出來刊登，供大家參考，因此，我才有勇氣寫這篇不是文章的東西。在大陸所見的風景名勝古蹟已有多人報導過，此處不贅。茲就親眼所見日常生活方面的點點滴滴簡述於後。

　　有人說大陸山河、景物依舊，人事全非，我在家鄉所見到的是山河依舊，景物與人事全非，縣、村、堡（鄉音讀ㄅㄨˇ）子的城牆都已拆除，城壕填平了。以前我四合村城壕生長葦（鄉音讀ㄩˇ）子，有一種不知名的候鳥在夏季棲息於葦子叢中，其叫聲「呱呱咀、呱呱咀」，所以大家都稱此候鳥為「呱呱咀」，現在沒有了城壕、沒有了葦子，再也聽不到呱呱咀呱呱咀的叫聲了；從前縣城壕有水，生長菱角，學童結伴用長竹桿（頂端有粗鐵絲做的鉤子）採菱生食，其樂無窮的情景，也只能回味；

縣城外圍的四大景——東門外火神廟既高又大、古樹參天，南門外水流橋上橋下，西門外八寶雲塔，北門外五花泉水底蓮花。現在只剩下八雲塔正在整修，水底蓮花仍然冒水，火神廟、古樹、水流橋上橋下都沒有了。縣城內東南角頗負盛名的文廟——聖學巷小學，被拆掉了。縣城西蔡家堡內的李顒祠堂（二曲祠）也被拆掉了。在人事方面，直系的長輩均已作古，堂兄及胞弟都是兒孫滿堂。親戚中尚有幾位長輩，晚輩人數甚多，一時尚弄不清楚。兒時同村的玩伴僅存二、三人。老同學多已往生，在世者亦只二、三人。看起來他們都比我蒼老的太多。離鄉五十年，這次探親不但轟動了自己的村子，連附近幾個村子也都傳遍了。每到一處紛紛和我打招呼，除少數幼年玩伴、同學、同輩兄弟外，其餘皆不認識。他們對我非常好奇，好像不是從地球來的，以「看稀奇」的心情看我。每天來訪的鄉親川流不息，問東問西，尤其對台灣的生活狀況最感興趣，也最想瞭解，我當然據實以告。同樣的話不知說了多少遍。

祖墳被剷平了，成了農村住宅的後院，我弟還記得位置，我父母的墳在另一處，雖被剷平，但此塊土地因由我弟獲得分配耕種，所以偷偷的在作了記號的原位置填土成堆。我們到祖墳的原位置及父母墳上祭拜，了卻多年的心願。

家鄉農村老年男女仍穿傳統式樣衣服，城市居民及農村青年男女衣著大致與台灣相同，女性穿長褲者較

多，不化粧打扮，多用橡皮筋（大陸叫猴子筋）紮馬尾頭，一般都較保守。男性多蓄髮，不整肅儀容，長褲無精神綫，上衣扣子多不扣，或僅扣一、二顆，顯得有點懶散。男女穿涼鞋或鬆緊口布鞋。港、澳、台胞之衣著、儀容、神態、舉止和大陸同胞截然不同，一出門行動便被當地人認出是外來客。在社會上彼此稱呼「同志」、對「先生、小姐」之稱呼不但不習慣而且覺得怪怪的。

家鄉農村每人配耕七分地（是一畝的百分之七十），一年收穫兩季，夏季小麥，秋季玉米為主，品種都經過改良。八月正是玉米生長最盛時期，深綠色的葉子，頂端的天花，腰間的紅纓，放眼四方，無止無休沒有盡頭。改良過的品種沒有空桿，沒有灰包，每桿結一棒，較大。所有土地百分之九十以上都種玉米。在正常狀況下七分地年產小麥及玉米如下表：

品　　名		小　麥	玉　米
年產（市斤）		400	350
繳公（市斤）		60	50
餘糧（市斤）		340	300
每斤市價		0.50	0.30
餘糧折價		170	90
支出項目	種籽	7	
	肥料	32	
	機耕	10	
	小記	49	
剩餘金額		211	

註：每市斤為十兩，價格係人民幣。

　　由於推行一胎化，生了第二個孩子，不但不配耕土地，而且要罰款，一家夫婦二人加一個孩子，三人可配耕二畝一分地，所產小麥已足夠吃，甚至還吃不完。玉米已無人吃，間或磨些㞎㞎子，所以黃黃饃、絞糰，業已成為歷史了。過去家家戶戶經常吃的漿水菜，現在也沒有了。農村自耕自食，不配發糧票。城市居民配發糧票，憑票向國營機構官價買糧，較便宜。農民吃不完的糧私自出售，屬個體戶，不需要糧票，但價錢較貴。農民吃得飽覺得很滿足，如果做些副業，賺點外快，那就更為滿意。此僅止於溫飽而言，生活品質方面根本談不到。

　　蓋屋原有之水田都填土改為旱地不生產稻米了，據說：水田每年只收一季稻米，旱地每年可收夏、秋兩季，利益較多。現在聞不到稻香、荷葉香，也看不到孩童用腳在稻田泥裡探採茨菰的情景了。

　　城市及觀光地區餐館有國營、個體戶兩種，前者有營業時間標示於門口，時間一過即不供應，後者無營業時間限制，較為方便。大米飯、饅頭、水餃等論斤論兩（一小碗大米飯約為二兩，水餃六個為一兩）。國營餐館點了飯菜，立即交錢，然後在座位等待，有的餐館須自己去端飯菜，有的餐館由服務員送到桌上。個體戶的毋須先交錢，於食後付帳，取飯菜的方式與國營的大致相同。在用餐時間，每家餐館都坐無虛席，常常要等待、搶座位。其餐具、桌椅之粗糙髒亂，飯菜品質味道之不

佳，所有餐館幾乎是相同的。餐桌上佐料（醬油、醋等）用空酒瓶盛裝，無蓋無標示，醬油和醋顏色相同，難以分辨。有免洗筷子，但不放在餐桌上，藏在顧客看不見的櫃柏內，據說為了防止客人順手牽羊。有天早上在北京排隊買油條，好不容易前進到油鍋跟前，賣完了，白白浪費了半小時時間。當地人買到油條，在路上邊走邊吃習以為常。麵包品質太差很難吃。買不到牛奶。大飯店的餐飲貴的離譜。

　　家鄉農村住宅衛生很差，一般都在屋後養豬，且與廚灶相連，沒有廁所，在養豬之後院大小便。沒有自來水，仍用井水，有的用泵浦抽壓，有的仍用轆轤。沒有喝開水的習慣，口渴了在水缸杓一杓生水喝，可並沒有誰因喝生水而拉肚子。有電，電力不足，但比點油燈好得多。城市及觀光地區有公廁，小便是槽式，大便是蹲或槽式，都無門，糞蛆蠕鑽，蒼蠅亂飛。無人如廁時蒼蠅棲息於糞便上覓食產卵，若如廁，蒼蠅受驚，立即群飛，並且會撞到人身上。臭氣逼人難以呼吸，如廁必須儘量憋氣。香港導遊曾說：大陸之公廁不須用眼睛尋，用鼻子聞就可找到。我們在桂林、西安、北京及所到之觀光地區果然如此。

　　內陸民航班機不按表列時間飛是正常的，按表列時間飛是意外，廣州、桂林機場工作人員及導遊（地陪）如此說。腳踏車為大眾化個人代步工具，無論城市、鄉村都十分普遍，上下班時段，所有道路形成車陣，極為

壯觀。既能節約能源又能環保且可鍛鍊身體。機車極為稀少，有些地區幾乎看不到。廣州、西安、北京都有電車、公共汽車，都是兩車聯結的「聯結車」，車上有兩位售票員，上車買票（街上無售票亭）。乘客上車時全力衝擠，誰力氣大動作快便能搶到座位，對老弱婦孺殘障者無人讓座，亦無「博愛座」之設置。購物購火車票都排隊，惟有乘車不排隊。在西安火車站見到乘客由剪票口到月台上車時，爭先恐後的全力奔跑，比抗戰期間跑空襲警報快的多，因為搶坐位，跑在後面的只有站的份兒。

許多風景名勝古蹟觀光點之門票，若對大陸同胞收二角，對台胞則收一元。收費廁所，無論大小便都收費，收費標準與觀光門票相同，門票金額高低不一，其差別比例以此類推。住大飯店及在大飯店用餐，要用外匯兌換券付帳，買飛機票、火車軟臥票也要外匯兌換券，若付人民幣則加百分之五十。用美金在銀行兌換時，外匯兌換券與人民幣等值，而使用時，人民幣則不值錢，同是國營機構何以有此矛盾的怪現象，有關人員不予解釋，當我們一再詢問為甚麼，竟然有人向我們說：「你去問鄧小平」。

北京有一家書店擠滿了人，閒逛的多，買書的少，店主廣播：「不買書的人，出去！」。桂林香菸攤出售各種品牌中外香菸，其中有台灣菸酒公賣局出產的黃軟盒「長壽菸」，標示零售價有美金、港幣、新台幣、外匯兌換券、人民幣等五種。

　　筆者探親期間，大陸各電視台正在播「星星知我心」、「幾度夕陽紅」、「昨夜星辰」連續劇，很受廣大觀眾的歡迎，主要演員的知名度很高。出售錄音帶的店舖，貼有鄧麗君大幅海報，其錄音帶暢銷。

　　在建設方面，修建鐵路、公路、橋樑、水利及綠化工作皆有成效。大眾運輸工具不能滿足民眾需求，電車、公車、火車，每班都擠得滿滿的，不要說座位，能擠上車有個站的地方就很好了。

　　在家鄉所見到的社會秩序、民生物資、人民生活方式、生活品質、價值觀念、人的隱私權、知的權利、人權等等，與自由開放社會有很大的差距。家鄉同胞處此封閉社會四十年，已經習慣，惟對外面世界仍抱持著好奇的態度東問西問。好在現在說話較為自由，沒有甚麼顧慮，從前不敢說的現在可以說了。不過，探親時最好勿談政治，避免麻煩為好。

　　總之，家鄉河山名勝古蹟可愛，親人更可愛，吾人有義務讓他們知道外界的事物。如果有能力似應儘量設法幫助他們，改善他們的生活。

　　　　註：本文曾刊登於中華民國七十九年三月一日出版之〈西北〉第二十一期第一三三至一三八頁。筆名「白丁」。